宇宙一楽しい
発達凸凹《でこぼこ》ちゃんの
育児ソリューション

にしむられいこ

モモンガ

まえがき

筆者は、最近世間で話題の「発達障害当事者」であり、転勤族の妻として、3人の発達凸凹ちゃんを育てながら全国を全力疾走して働きまくっているキャリアカウンセラーです。

コロナパンデミックで多くの方が疲弊していますが、筆者も「困りごとがないことがない」状態の中で、激流の大航海を続ける救いの小さな箱舟、「非営利共育団体ARCA®（アルカ）」の代表も兼務しながらの、パラレルワークを続けています。コロナで自粛生活が続く中、子どもを産み育てる環境がますます悪化しています。〝ソーシャルディスタンス〟と口で言うのは簡単ですが、子どもを抱っこしないでどうやって育てればいいのでしょうか⁉ 公園の遊具も使用禁止、遠足も運動会もすべて中止の都会の中で、孤立し、途方に暮れている親子がどれほどいるかご存じでしょうか？

この本では、「子育て真っ最中」の〝働くママさん＆パパさん〟たちの現状をリアルに伝えつつ、本業のキャリア支援を通して得た知見を〝笑える育児ソリューション〟の形でまとめてみました。

未来の「宝」である子どもを育てることは、誰もが初めて挑戦する難しい「役割」なのに、正解はありません。身近な先輩であるはずの両親とも生き別れ状態で、誰にこんなことを聞けばいいのか分からない、働きたくても働く場所がない、涙しか出てこない、自分も子どもと一緒に消えてなくなりたい、そんな危険な想いにとらわれてしまったりする親子もいないわけではありません。ワークライフバランスは幻想です‼

修羅場を幾度となく乗り越えた、現在進行形で苦労真っ盛りのライフワーカー「プロフェッショナルママ」として、育児中の親子を助けてくれるすべての人に届けたい「育児ソリューション＝教訓」。子どもは親が育てるけれど、本来は社会の宝物。みんなで育てればもっと素敵でハッピーな家族が世界に増えるはずです。

1章あたり20分もあれば読める、子育てと仕事を最適バランスに組み立てる「考え方」や「親子を支援する具体的手段」について解説して参ります。

最終的にはARCA®の会員仲間になってくれると嬉しいなと思っているので、一緒に未来をつくってくれる奇特な皆さまに向けた、育児書に見せかけた「自己啓発本」かもしれません。

それぞれのお立場で、お楽しみくださいませ。

第一章

発達障害は治らない「特性」だけど、早期療育すると良好になる

～発達凸凹に気付けるのは専門医だけ。お医者さまにも得意不得意がありますよ

第一節　発達凸凹とは何か

最近話題の〝発達障害〟について、一度くらいは耳にしたことがあるかもしれませんね。新聞や雑誌でも特集されていますが、専門的すぎてよく分からないと感じていらっしゃる方が多いようです。一言で言えば、発達障害とは、先天的な要素の多い「脳の機能障害」です。割合として15人に1人くらいはその特徴を有していると言われており、決して他人事ではありません。

発達障害というのは、下のような3つ組みの図に代表されるもののほかに、知的能力障害、運動症、チック症、コミュニケーション症などの種類があります。

普段は目に見えない「行動特性」なので、専門医だとしても、診断は簡単ではありません。発達障害の原因は明らかにされていませんが、遺伝の影響が約4割、環境（養育環境や親子関係、近隣近所の友達や地域環境なども含む）の影響が約6割と言われており、その特徴の出方は千差万別です。発達障害という名前が誤解を生みやすいのですが、発達障害＝病気ではありません。

発達障害の基本的特性

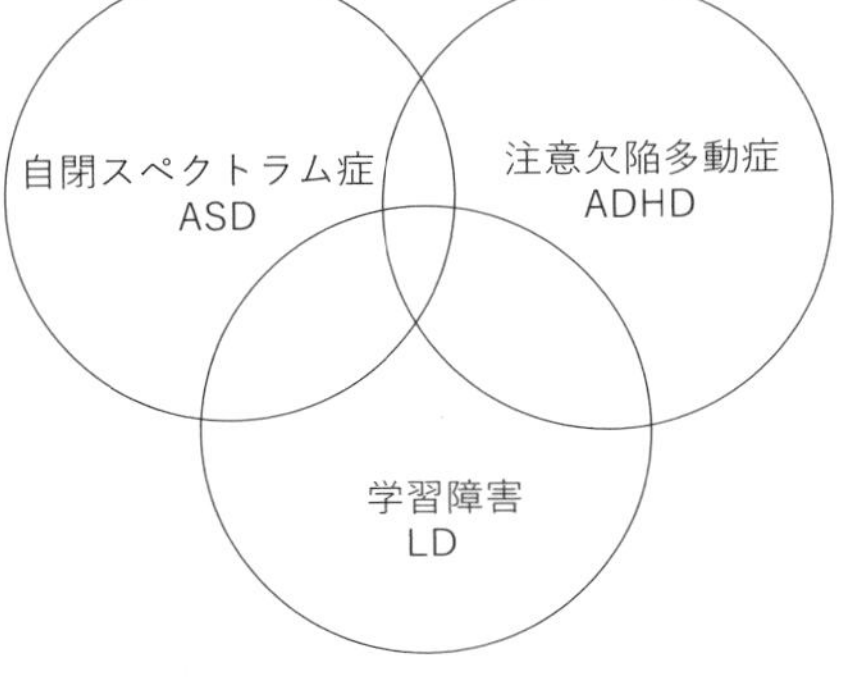
自閉スペクトラム症
ASD
注意欠陥多動症
ADHD
学習障害
LD

「普通」という枠組みの中に納まらない「個性」的な脳を持ったユニークな人のことであり、「発達凸凹ちゃん」と認識したらいいのです。成長の仕方や表出する能力が標準とはやや異なっている素敵な人物である可能性が強い、才能あふれる人とも言えます。

発達障害であろうとなかろうと、各個人が持っている「個性」を存分に発揮して生きられればいいのですが、世界は、まだその「個性」を受け止めきれていません。強い個性が輝く前に、いわゆる社会の「普通」に当てはまらなくて、逆に「病んで」しまうことを、発達障害の「2次障害」と言います。この「2次障害」を防ぐために、さまざまな支援者が活動しています。私のようなキャリア支援者も「親の会」もそうですし、児童精神科のお医者さまや、ペアレントトレーニングなどを教えてくれる児童発達支援士さん、臨床心理士さんたちなど、多くの人たちの手で専門的な支援の仕組みが急速に整えられてきています。脳の機能の問題なので、障害がなくなることはありませんが、早期発見・早期治療、早期療育を施すことで、本人や親御さんたちの生きづらさが

発達障害の詳細と行動の特徴

ADHDとは

Attention（注意）
Deficit（欠如）
Hyperactivity（多動）
Disorder（障害）

自分自身をうまく制御できないことで困難を抱える

《行動の特徴》
かんしゃくを起こしやすい
落ち着きがない
忘れっぽい
興味の対象が次々に変わる
整理整頓ができない
おしゃべりが止まらない
感情の起伏が激しい

ASDとは

Autism（自閉症）
Spectrum（連続体）
Disorder（障害）

知的障害を伴う自閉症から、知的遅れのない自閉傾向までの連続体で困難が生じる

《行動の特徴》
一つの遊びや行動にこだわる
急な予定変更に対応できない
人の表情や気落ちが読めない
大きな音や甲高い音を嫌う
迷子になりやすい
パターン化されたものを好む
触覚などの感覚が過敏か鈍い
仲間意識がもてない

LDとは

Learning（学習）
Disa-bilities（障害者）

知的遅れはないが、一部特定分野に学習の困難がある

《行動の特徴》
文字を正しく書けない
計算が苦手
音読が苦手
図解ができない
単位が理解できない
算数の文章題が解けない
物事の流れや推論ができない

減ることが報告されています。だから、他人事として見過ごさず、正しい診断、「療育」へとつなぐ必要性があるのです。

「療育」とは、発達の遅れや発達障害のある子に対して、医療機関・福祉機関が支援計画を実施して子どもの発達と自立、社会参加をサポートしていく取り組みのこと。

２００４年に発達障害者支援法が成立し、見えない「個性」ともいえる発達障害の認知度は高まっています。キャリアカウンセラーという仕事柄出会う方々の中にも、隠れ「発達凸凹さん」をお見受けしますし、筆者も「当事者として」生きづらさを抱えて生きています。情報が広がれば広がるほど、誤解や偏見も増え、玉石混交に氾濫する情報におぼれ、本当に必要な人に必要な支援が届かない悪循環になっています。コロナパンデミックで加速した社会の急激な変化や、５Ｇ、ＡＩに代表されるテクノロジーの目覚ましい発達も相まって、発達凸凹親子の生きづらさもクローズアップされています。

発達障害に関する誤解や偏見を払拭すべく、また、本当に必要な人に必要な情報を届けるべく、筆を執りました。この本では、発達障害を発達凸凹ちゃんと紹介しながら、子育て中の親子を助けてね！というメッセージを込めてさまざまな視点を提示します。第一章では、最も大切な「発達障害かどうかの見極めのポイント」を子どもの月齢に従って解説します。

第二節　月齢別、発達障害見極めのポイント

① 生まれたてのころ

「生まれて幸せ?」子どもの心の声を聴いてみよう

初めてのことだらけのお産を終えて、一番初めにパパ&ママが考えたことは何だったのか、ちょっと思い出してみましょうか。できたらご夫婦や祖父母の方とだけではなく、親しい友人や支援者も含め、なるべく多くの方と一緒に取り組んでみてください。思い出のアルバムや動画などを見ながら楽しく振り返るとなお良いですね。

（例1）お産後、とにかく興奮して眠れなかった。夫が立ち会ってくれて心強かった
（例2）これから、親になるんだという不安とこの子のために頑張ろうと思う気持ちとで複雑な心境だった
（例3）何も考えられないくらい、ただただ可愛い子どもをありがとう！　という感情

……皆さんはいかがですか？　率直で素直な心で振り返ってみてください。

書いてみよう

書いてくれて、ありがとう。ママやパパは、自分自身に対するねぎらいの言葉は出てきましたか？　本当にお疲れさまでした。「命」を生み出したときの気持ちって、いろ～んな想いが複雑に絡まっていませんでしたか？　親だからっていきなり子どもを愛せるわけではありません。小さな「命」をただ一生懸命育てていくことしか親にできることはないのかもしれませんね。

〈赤ちゃんの心の声はきっとこんな感じ〉
ママが泣いていたら悲しいよ。ママが笑っていたら嬉しいよ。ママが大変だったようにぼくもタイヘン。

つながっていたからね。狭い産道を潜り抜けて、ちょっと頭ゆがんじゃったし、出ベソになっちゃったかもしれない。でもあんまり気にしないで。呼吸しているなら安心。心臓の音もしているなら一安心。親子で初めての協働作業を終えたんだよね。パパも親として新しく生まれたんだよね！　おめでとう!!　新しい家族としての人生が始まったね。

順調なお産ばかりではありません。周産期医療に携わる多くの方々の努力によって、安全なお産が日本では保たれていますが、お産にはさまざまなリスクがつきまとっています。

発達障害は、先天的な要素の多い「脳の機能障害」ですが、目には見えないので、気付かれない場合がほとんどです。そして、たいていの場合は何の問題もありませんし、冒頭にも書きましたが、障害?!　病気?!　とショックを受ける必要はありません。ど～んと構えて、まずは目の前の生活を落ち着いて整えていきましょう。

オススメ本

『子どものための精神医学』滝川一廣著　医学書院出版　２０１７年
＊通常の育児本のほかに、あれば便利な発達に関する専門書です

② 生後5～6か月のころ

いつになったら目を合わせてくれる？

母子手帳に従って、慣れない育児に奮闘している時期です。半年がとても長く感じられる最も大変な期間。この時期は眠れない日々を過ごしているママがほとんどです。お仕事と違って、育児は誰からも評価されないし誰からも悪口を言われない代わりに、誰も手助けはしてくれなかったりします。ママは孤独にさいなまれたり、情緒が不安定になったりする時期です。

赤ちゃんは泣いてばかりだったり、寝てばかりだったり。本当にいろいろです。かわいいと思えていますか？　かわいくないな～って思っていても、それでも大丈夫。ママがちゃんと笑顔ならね。ママやパパやおじいちゃんやおばあちゃんが笑ってくれないと赤ちゃんも安心して笑えなくなっちゃうんです。

お仕事のことも気になるでしょう。時代の流れは速いので、少しでも休んでいたら置いていかれないか心配になっちゃうのも当たり前。でも、大丈夫です。目の前の子どもは、何があっても一番ママが好き。何があってもママのことを応援していますよ。

笑顔にも意味が出てきます。

生後2～3か月　新生児微笑・・・感情を伴わない本能的な笑顔

生後6か月ごろ　社会的微笑・・・目や耳が機能し、感情を伴う笑顔医療技術が発達し、出生前診断である程度の障害の有無も分かる時代になったことは、幸か不幸か「命の選別」の機会をつくり出してしまったかもしれません。障害があろうとなかろうと命は命、と口で言うのは簡単です。障害を持つ方やその支援者（主に親御さん）が生きづらい時代において、親子の〝生きづらさ〟は理解されつつありますが、解消はされていません。

「笑わない」子どもがいることも事実ですが、発達障害の子どもの見極めは専門家でも簡単ではありません。視線がしっかり養育者と合うか、5～6か月ごろの赤ちゃんが喜ぶ〝いないいないばあ〟に反応するかはチェックポイントです。目を合わせてくれない、いないいないばあにもあまり喜んでいないようでしたら、診察に連れて行く必要があります。

予防接種のスケジューリングも、離乳食の準備も、大量の洗濯物も、全部ひとりで切り盛りしながらこれ以上よく分からない「発達障害」なんて、「は？　何それ」って思って当然です。成長には個人差もあるし、成長スピードは一律平らなわけではありません。成長に遅い早いの違いがあるだけなので、ほとんどの場合は心配ありません。しかし、楽観視していて、本当の「発達の遅れ」を放置すると、予後が不良になります。間違っても、ネグレクト（育児放棄）の状態になることがないように、親子を支える周りの人たちが温かくサポートしてあげてください。重篤な病気や疾患などが発見される場合もありますので、迷わずＳＯＳを出していいのがこの時期でもあります。ママだけ、夫婦だけで頑張りすぎないで。

「視線が合わない子どもは発達障害？」というわけではありません。自閉症スペクトラムをニューロダイバーシティの視点で一言解説すると、「多様性」。15人中1人くらいの割合で〝注視〟するポイントが異なるのです。

一般的には、男性の目のあたりを見る子どもが多く、ＡＳＤの子どもは女性の口元や首あたりを見る傾向が強いなどの科学的調査結果もあります。良い悪いではなく、右利きか左利きかの違いのように、特徴の違いというだけのことです。この段階では診断できないので、特別な個性があるんだなあという程度の理解にとどめて見守るのが一般的です。

ただし、早期にその「個性」を発見し、適切な環境に置くことで、音楽や絵画、スポーツなど、稀な才能を発揮することもありますし、重篤な自閉症などの場合でも適切な療育によって症状が改善される場合があります。早期発見と、根気強い周囲のサポートがあれば、ＩＱ70以上の知的障害を持たない高機能自閉症児の場合は、本格的な社会生活を送っていく5～7歳ごろまでにハンディキャップがほぼなくなるとも言われています。

子どもの視点

発達障害がよく分かるサイトをひとつだけ紹介するとしたら全国の主要都市に1か所はある「発達支援センター」。まずはこちらに相談を!!

東京都の場合は、東京都発達障害者支援センター（通称ＴＯＳＣＡ）

筆者は転勤族ですので、全国各地それぞれの自治体の行う福祉的療育機関、医療的療育機関にお世話になってきましたが、発達障害の概念が世間に広がったためか、支援センターも、各地域にある発達障害児医療センターも初診予約が3か月待ち、半年待ちはザラ。児童精神科を標榜《ひょうぼう》している地域の小児科やクリニックも電話回線がパンクしている状況です。一部では人気アイドルのコンサートチケットを取るよりも難易度が高いと言われています。つながらなくても絶望感を持たず、初診予約のタイミングを見計らって何百回でも電話するなど、焦らず冷静に対処してください。必ず「支援者」につながることができますから。

③ 1歳前後のころ

歩き出す前にこなす数々の仕草から受け取ろう

職場に復帰するのも子どもが1歳になったころ。保育園を探すことも大変ですが、保育園に預けている間にどんな保育をしてもらっているのかママやパパはよく分かりません。保育士さんとのコミュニケーションはとても大切ですよね。

保育園がお休みの日くらい、子どもとしっかり向き合いたいけど、仕事のことも気になるし、やることが多すぎて自分の身体を休める時間もありません。子どもの歩き出しの記念すべき第一歩を見てあげることができないからって、後ろめたさを感じたりしないでください。子どもは強い存在です。社会で働くママやパパの姿をよ～く見ています。その子にはその子なりのペースがあるから、歩き出しが遅かろうと早かろうと、基本的には気にしないでください。離乳食もトイレトレーニングも保育士さんの方が上手なんです。だってプロだもん。

子育ての教科書や、インターネットにあれこれ情報は出回っていますが、そんなの読んでる暇はありません。目の前のわが子にとっては、ありのままのママやパパがすべてなんです。まずは、ぎゅっと抱きしめてあげてね。目の前のわが子、それが一番の宝物ですから！　生きていてくれればそれでいい。発達凸凹ちゃんかどうかは、何気ない日常の暮らしの中で感じ取るといいですよ。

共働きのご家庭は、何と言っても「時間がない」。子どもと向き合う時間も、自分自身と向き合う時間も、基本的にはゼロ。そんな中で、子どもの異変や障害に気がつけないのは当たり前。気が付いていたとしても、病院にすら連れていってあげる余裕はないのが普通。

職場に復帰しているママさんは、子どもは社会が育ててくれるから安心してね。自転車に乗りながら、ハトさんツバメさんカモさん元気だね～って、言えるママやパパがいたら、金メダルを贈呈しましょう。保育園に遅刻したら、職場の出社時間にも間に合うわけがありません。定時退社で子どもをピックアップした後、スーパーの特売でゲットした安売りの牛肉にネギで、今夜はすき焼き～って考えていたとしても子どもが、こんなまずいもの食べない！ってなれば、すべての努力は水の泡。嗚呼《ああ》空しい。思わず月に向かって叫びだしたくなる親の心情。お子さんを持つご夫婦には、電動付自転車は必須です！

働くママ&パパは下の表のように、規則正しく寝て食べて遊ぶ子どもを養い育てながら、実社会では猛烈に働いています。純粋な生活時間は、夕方6時ごろから早朝までしかありません。親っていつ寝ているんですかね？

■１歳～１歳６か月ごろの赤ちゃんの１日の過ごし方（例）

6:30 起床
7:00 朝食
9:00 室内遊び
10:00 お散歩、外遊び
＊しっかり体を動かそう
12:00 昼食
13:00 昼寝
15:00 おやつ
＊離乳食では足りない栄養素を補って！
16:00 お散歩・外遊び
17:00 室内遊び
18:00 夕食
19:00 おふろ
20:00 就寝

子どもの様子を見ることができるのは夕食の時間ですので、ご夫婦で協力し合って偏食や不整咬合《こうごう》なども気が付いてあげられたら最高です。

発達凸凹ちゃんの中でも、感覚過敏やかんしゃくなどがあると寝付きが悪かったりします。保育園で昼寝しすぎていないかは確認し、子どもが眠りやすくなるように「入眠儀式」を工夫すると良いでしょう。

授乳中なら添い寝が一番楽ちんですし、1歳半ごろならぬいぐるみと一緒に5、4、3、2、1、お休み!!という感じで、毎日同じパターンとして短時間で寝かしつけてしまった方が平和です。発達障害の有無に関わらず乳幼児のお子さんとの暮らしでは、教科書通りのスケジュールに当てはめることをまずはあきらめなくてはいけません。関係する方々も、時間に余裕があるはずがないということを理解した上で、関わるようにしてください。このころの親子の家庭生活が後の人生において最も重大な子どもの心の基盤をつくっているからです。医者でも専門家でもない親にとっては、子どもの何が正常で何が異常かは分かりづらいですが、母親としての本能的な勘は、ほぼ間違うことはないと信じ、おかしいと思ったら即相談!そんなことを頭の片隅においていただきたい時期です。

④ 2歳ごろ

サインを見逃すしかない日常生活は危険信号?

子どものしぐさも発達障害かどうか見極めのサインとなりますが、2歳のころには、発達障害であるかどうか、ある程度分かってきます。ちなみに、2歳児のイヤイヤ期は広く知られていますが、この時期こそ、発達障害の早期発見につなげるためにも、パパや祖父母、支援者の皆さんの出番です。大人の発達障害の診断も一般化してきました。遺伝要素も大きい障害のため、子どもが発達障害ということは、高確率で親も発達障害の傾向を持っています。

《見極めのサイン》

◆かんしゃくを起こす

子どもですから、誰もがかんしゃくを起こすことはあります。強いか弱いかの差があるだけ。かんしゃくを起こしている間は、基本的に「放置」でOK。治まってきたら、大丈夫だよと優しく声がけをして落ち着くなら心配ありません。

筆者が活用しおすすめしているペアレントトレーニングでは、「アスク・セイ・ドウ」が効果的でした。子どもに、「質問して、話をして、実際にやってみせる」ことで、子どものかんしゃくは頻度が減っていきます。「何が嫌なのか」じっくり子どもの気持ちを聴いてあげてくださいね。子どもは親が忙しいときに限って駄々をこねて気を引こうとします。親子で悪循環に陥る前の対処法も、次ページの「オススメ本」書籍の中に「17の技術」として具体的に示されています。

オススメ本

『トリプルP～前向き子育て17の技術～』
加藤則子、柳川敏彦編　診断と治療社　２０１０年

発達障害が疑われる場合、その子自身の中にかんしゃくを起こすしかないような何らかの「アラーム」があるので、周りの大人は冷静に見守ってあげる心の余裕が欲しいものです。育児スキルが必要なのはママだけではありません。かんしゃくを起こした子をなだめることができずに困っている親を責めないためにも、育児に関わる知識のアップデートをしておくことが望ましいです。

◆まとわりつく

不安が強い子どもは、安心できる養育者やお友達、慣れた環境がないとどうしていいか分からなくなります。保育園から帰ってきたときは、なるべく穏やかに接してあげてください。夕食づくりのときなど、邪魔するな～って邪険にしたくなると思いますので、ママの代替品としてぬいぐるみや毛布等、子どもが安心できるものを渡して、そっと背中を撫でてあげて様子を見守りましょう。

発達障害が疑われる場合、「不安」を強めてしまうことがないように、その子自身が落ち着くスペース（空間）をつくってあげるなども有効です。段ボールハウスなどでＯＫ。爪を噛みだしたり、自分の頭を壁にゴンゴンぶつけたりする行為が見られる場合は、言葉にできない不安が子どもの心に溜まっているサ

インです。時間との闘いを強いられるご夫婦にはつらいかもしれませんが、お休みの日に外遊びなどで健全に子どものストレスを発散できると良い方向に向かいます。

◆ミニカーを並べたり、ぐるぐる回るものを見つめたりする

ハンドスピナーも、発達障害の子どもに向けて開発されたおもちゃといわれて販売されていますが、科学的な根拠はありません。しかし、池に石を投げ込んだり、ひたすらオタマジャクシをすくいとったりするような感覚で、同じものをず〜っと見ていることが好きな「特性」を持つ子どもたちにとっては気持ちが落ち着くようです。ぐるぐる同じ線路の上を回って動く玩具の電車に興味を惹かれ、何時間もおとなしくしているお子さんの姿に心配になってしまった場合は、念のため発達の専門家に相談しましょう。

ママー
三角定規
なくしちゃったから
新しいの買ってー
これ!!
またなくしたの?
しかも同じ形ばかり…
うん。
回してるとさ、
どっかに飛んでくんだよねー
あの形・・・
ぴゅー
くる
くる
くる
どこから
ツッコんで
いいのやら…

発達凸凹ちゃんが「愛着」を求める過程がゆっくりなのは、まだあまり知られていません。子どもの心理として、ママに甘えたいという自然な欲求を、「お兄ちゃんなんだから」とか「下の子に手がかかるから」という理由で受け止めてもらえず乳幼児期を過ごしてしまうお子さんは、たくさんいらっしゃいます。いい子すぎて、我慢し続けて病気になって倒れてしまう優しいお子さんは、成長がゆっくりなだけなのです。

児童精神科医の先生によれば、通常4～5歳で求める養育者への愛着が、8～9歳ころになってようやく出始めるケースがあり、この時期に親子や身近な支援者等と愛着形成を確立できると思春期以降孤立せず、対人関係へ良好な変化が認められるようになるとのことです。実際、親子関係を良好に保てたことによって、その後順調な社会生活を送ることができている発達凸凹ちゃんも多いです。

自閉症はよく知られた障害ですが、厳密にいうと健常者との間に明確な線引きはありません。3歳ころまでに現れる特徴として「興味の対象が限定的」「発語が遅れている」「周囲と交流が難しい」というものがありますが、子どもの脳は無限大の可能性があります。その子の特性や成長に合った適切な遊びや養育環境を整えてあげるのは、親だけではなく、親子に関わる祖父母や支援者たちの役割でもあるのです。

京都大学人間・環境学研究科の船曳康子教授らが開発した「発達障害の特性別評価法」(Multi-dimensional Scale for PDD and ADHD、略称MSPA）は2016年に保険適応もなされた信頼できる評価法です。

医師や専門スタッフが14項目、5段階で評価してくれるので、親子で特性の強さ弱さを補い合いながら、困りごとがない社会生活へ向けて、地域や医療スタッフと一体になって「療育」していくことができます。一言で発達障害といっても、どんな部分にどのような支援が必要であるのか、自分自身では分からない弱点を補うための評価尺度です。

専門家にしか扱うことのできないさまざまなテストや診断基準がほかにもありますので、ちょっとでもおかしいなと感じたら、子どもが2歳くらいのこの時期に専門

発達障害特性別評価法（MSPA）

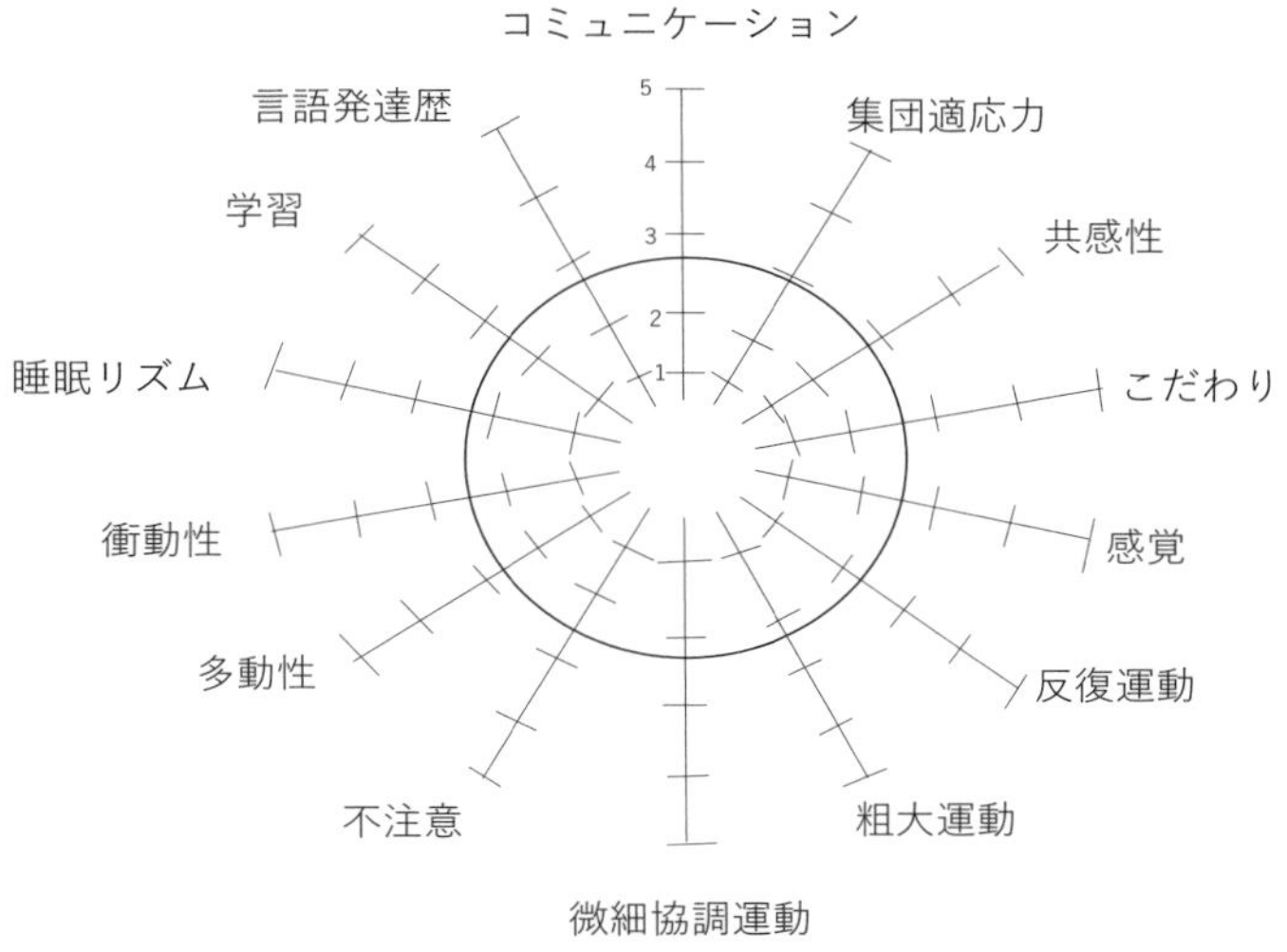

機関と早期につながることが、今現在〝困っている親子〟を苦悩から救うことになります。悩ましいのは、子どもにしても大人にしても自分が発達障害だとは思っていないケースです。本人は何も困っていなくても周りが困っている場合などは、特に注意が必要です。

⑤ 2歳半〜3歳ごろ

見て見て見て〜。すべてに意味があるんです

乳幼児健診の1歳半健診では、「お子さんは指をさした方向を見ますか?」という質問があります。これは、発達心理でいうところの、「共同注視」を検査しています。子どもが親の指さす方向や、親の見ているものを見ようとすることができるかどうかを確認するのです。最近では家庭での絵本の読み聞かせや、親子でのスキンシップをとりながらのごっこ遊びに時間を出せずにいるご夫婦も多く、情緒や社会性が育ちにくいお子さんもお見受けします。2歳半〜3歳ごろになっても目が合わない場合、子どもの脳の発達が何らかの影響によって阻害されている場合があります。「見て見て見て〜」と、親の関心を引こうとしてくれる子どもは、何の心配もありませんが、「見て見て見て〜」という要求を親にもしてこないお子さんには注意が必要です。ASDの特性のお子さんは、周りに困りごとを要求しないため、ある意味親にとっては育てやすい「良い子」です。だから、安心していたら実はASDでしたという場合もあります。

自治体が行う3歳児健診でも発達検査がありますが、保健師や医師の見落としや、親が子どもの障害を受け入れない「否認」などもあり、隠れ発達凸凹ちゃんは想像以上に社会にあふれています。早期発見が早期療育に必要なので、〝気のせい〟〝うちの子に限って〟といった、思い込みは持たない方がよいでしょう。また、近年では、家庭の中に当たり前のように入り込んできているスマートフォンなどの電子機器によって、発達障害よりも予後不良な電子機器依存症児も数多く報告されています。

子どもがイヤイヤ期に入るころ、ちょうど職場に復帰したママやパパは、仕事でも責任あるポジションを任されることがあります。こんなはずではなかったのにというようなミスがあったり、産前は簡単にできていたことがなぜかまったくできなくなっていたり、発達凸凹ちゃんよりも凹んでしまうことも多い、とても苦しい時期。子どもは無条件に愛を求める存在なので、家では「ママ〜」と近寄ってきて愛らしいけど、その求める愛に応え、無条件の愛を注ぐという行為は、カウンセラーの筆者でも無理でした。無限にエネルギーをしぼり取られるかのような究極の修行であり、親としての人格や品性を問われる究極の鍛錬だと言えるでしょう。

子どもに構ってあげられないママの心の中は、余裕もなく罪悪感で曇ってしまいがちです。少しくらいならと、電子機器に子育てを丸投げしてしまいたくもなるでしょう。でも、子どもを無条件に愛せない自分を責めたりしないでいいんですよ？　吐き出したくても吐き出す場所も時間も相手もいないし、終わりが見えない育児に苦しむママは何十万人いるか分かりません。特に日本をはじめとするアジア文化の中においては、「母」への期待値が高すぎます。20世紀には、家庭の責任は内助の功といって、女性が担うことが当然とされてきました。文化は一朝一夕には変化しません。

〈働くママの本音の声〉
誰か子育て変わってくれないかな。見てほしいのは実は「私」かもしれない。
誰か手伝って!!!

肝っ玉母ちゃんや近所の世話焼きおばちゃんがいてくれればなんてことない小さな不安も、解消ができないまま積もっていくと、いつの間にかどうしようもない恐怖に襲われます。迷わずＳＯＳを出しましょう。仕事で抱えている問題なんて誰に相談していいか分からないし、子どもの世話をしているだけで、あっという間に一日が過ぎていく。あれ？　自分って今何しているんだっけ？　化粧のノリも悪くなるし、目の下のクマをどうやって隠せばいいんだっけ？　そんな状態で子どもの発達障害の療育までできるはずがないでしょ？　立ち止まる暇もなければ、一息つく暇もない。ひとりで3人分の役割を演じ続けている感覚。頼れるはずの夫も何だかんだと家におらず、いても大きな子どもと同じかもしれない。ありえない!!

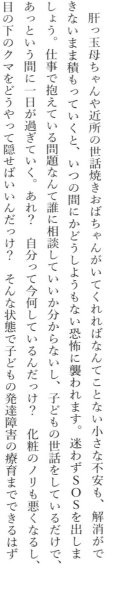

ストレスが病気をもたらす脳のメカニズム

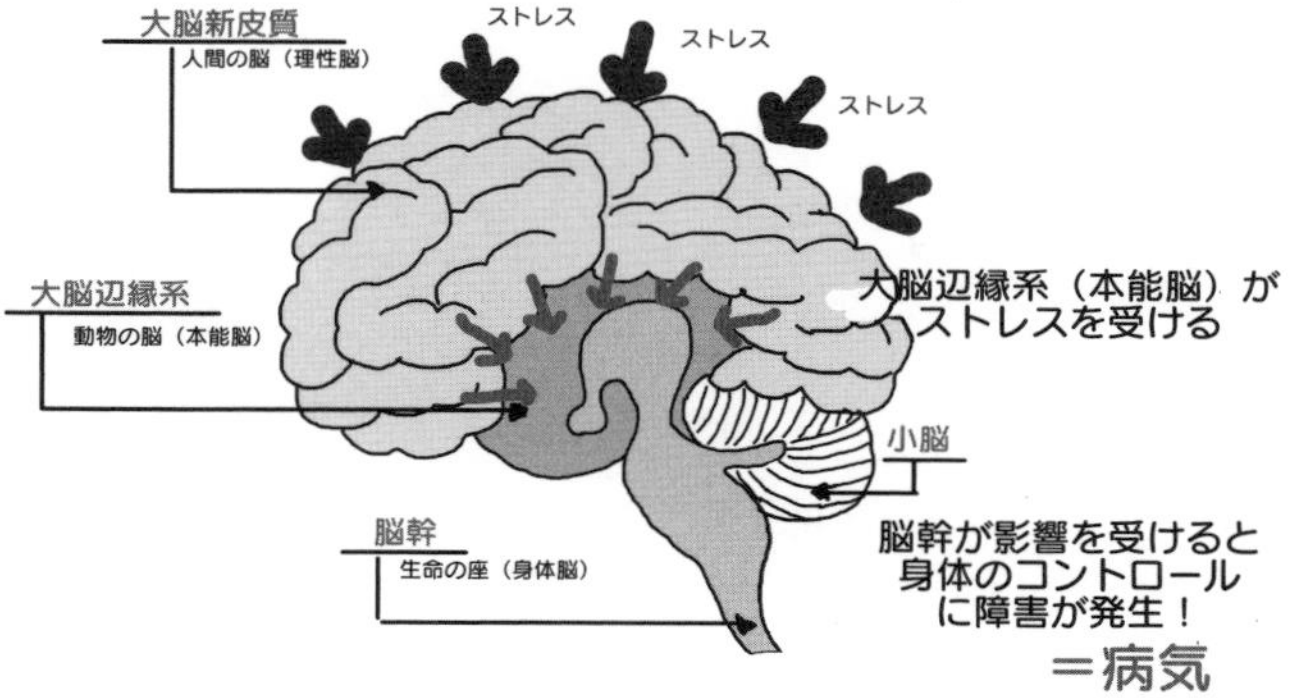
大脳新皮質
人間の脳（理性脳）
ストレス
ストレス
ストレス
大脳辺縁系
動物の脳（本能脳）
大脳辺縁系（本能脳）がストレスを受ける
小脳
脳幹
生命の座（身体脳）
脳幹が影響を受けると身体のコントロールに障害が発生！
＝病気

……これがママの現実です。

負のスパイラルに入る前に、リフレッシュ、プチ家出など、子どもを預けて大人の時間を何としてでもつくり出すことを推奨します。仕事を辞められないように、育児も辞められません。家事は辞めようと思えば辞められますが、なくなるわけではありません。そんな無限ループにはまって、ストレスが重なって病気になって倒れてしまう前に、ママ自身の脳の特性も冷静にとらえなおしてみましょう。真面目な方こそ要注意ですよ!!

オススメ本

『パパは脳研究者　子どもを育てる脳科学』
池谷裕二著　クレヨンハウス　２０１７年

右記のオススメ本は、精神医学のアプローチとは異なる視点からの書籍ですが、たくさんの発見があると思います。サポーターさんこそ読んでいただきたいです。発達凸凹ちゃんを育てるママは何も悪くないし、そもそも「育て方」の問題で治るなら、

発達障害ではありません！　ママは自分を絶対に責めないで‼

第二章

いつ終わるか見通せない育児をする親の、３つの心構え

～ケセラセラでベストを尽くせば、メインで育児をするママに奇跡が起きる

第一節　ケセラセラは楽観ではなく達観

ストレスを受けた脳を病気にするのではなく、むしろ元気にするための〝考え方〟が、ケセラセラ「Que Sera, Sera」（物事は勝手にうまい方向に進むものだから、ある程度成り行き任せにするのが良いとする考え方）です。

実は超重労働な育児。発達障害やその他の病気、アレルギー、軽症だけど通院治療が必要な各種怪我。嵐のようにやってくるあらゆる出来事に押しつぶされている「ママやパパ」を誰か助けないと日本の少子化は止まりません。かといって、育児中に家庭内で起こるすべての細かい出来事に反応していては、神経が衰弱してしまって生活が回りません。

発達障害に限らず、ハンディキャップを持つお子さんを育てる親は、通常の育児の10倍疲弊しています。だからこそ、親自身が生活を保つ上での心構えが重要です。困っている親御さんも、支援者さんも含めて、賢く子育てしたいママ&パパに贈る子育てソリューション（問題解決方法）は、たったひとつ。「ケセラセラ」です。育児に立ち向かう親と支援者の〝教訓〟と言った方が正しいでしょうか？　以下3つを呪文のように毎日唱えることで、育児を楽しめ、幸せを感じる心を持てるようになります。

①なるようにしかならない
②とにかく自分を最優先に
③期待しない

禅の言葉と共に、ひとつずつ解説しますね。

①なるようにしかならない（無駄な抵抗はしない）

「無《む》一物《いちもつ》中《ちゅう》無《む》尽蔵《じんぞう》」
～無に徹し、何ものにも執着しない境地に達すると、
宇宙に存在するもの皆が、すべて自己である～

自分にできることは限られているので、授かったわが子も仕事もすべてにおいて、無の境地となり「受け入れる」。障害や病気等のハンディキャップがある子どもを生んでしまったという罪悪感にとらわれる必要はありません。そもそも、普通って何でしょうか？　障害者支援技術における「カーブカット効果」という専門用語にもあるように、障害者にとって行動しやすい社会にすることで、社会の全員が楽になる

ことが分かっています。ベビーカーや車いすで自由に行動できることは本来素晴らしいことではないでしょうか？
ハンディキャップを持つ本人も、その親や支援者にとっても、真の「受容」とは、「あきらめること」から始まります。居直りや自暴自棄とは違って、仕方がない、この状態がいいという思いに気持ちを昇華できるようになるまでは、まるで修行僧並みに忍耐力が必要だったりします。

②とにかく自分を最優先に（メインで育児しているママは奇跡の人）

「天上天下《てんじょうてんげ》唯《ゆい》我《が》独尊《どくそん》」
～この世において「我」より尊い存在はないということ。
そして同時に、皆それぞれが尊い存在であるということ～

旧約聖書にエステルという人物がいます。国のために命を賭して自分の民族を救おうと、王の前に進み出た信仰の女性です。ママは、自分の命よりも子どもの命を優先しがちです。万が一自分の命と引き換えに子どもの命が助かるなら差し出してもいいかもしれない。そんな気持ちになるママもいます。しかし、筆者はなれませんでした。そんな自分は母親失格だよね、と自分を責めました。読者の皆さんはどう思われますか？

「母子一体感」と言われる、子どもが親に甘える本能的な心理があります。子どもは乳幼児期は母親を自分と同一視（いわゆる甘え・依存）し、絶対的な無条件の愛を求める存在です。幼い子どもにとっては親という養育者がいなければ生きていくことが叶わないわけですから、無条件に親に依存するしかありません。そういう子どもの甘え・依存に対して適切な反応を返すことができないママが苦しんでいる状態は良い状態ではありません。自分を愛せていない人が、他人を愛することはできるはずがありません。わが子を愛するためにも、自分を最優先に愛してほしいのです。

人生において究極の判断を迫られることがあります。不治の病にかかったとき、子どもの命が危険にさらされているときなど、子どもの命を迷わず優先するのは人間の親としての本能です。生死に関わるときに冷静でいられる人は通常はいません。どういう判断をするにせよ、単純な自己犠牲ということではなく、子どもも自分も誰もが生きる道を冷静に探し続けると、意外なところから希望の道が見つかるものです。

③ 期待しない（ある意味〝達観〟→なるようになる）
「私は巨木」＝寄って来る者たちを拒まない

「随所作主立処皆真《ずいしょにしゅとなればりっしょみなしんなり》」

～いつどこにいても、主体性を持って一所懸命取り組めば、至るところ皆真実の世界～

できることはただ立っていることだけかもしれません。雨の日も風の日も雪の日も晴れの日も、何千年と立っている巨木のようにあり続けることが、実は一番尊い親の役割。木の下には雨宿りする人がいてもいいし、木の実を食べる人がいてもいいし、木登りしたり、焚火をしたり、自由に巨木の木陰で思いのまま過ごすことができたら幸せですよね。自分にもパートナーにも、子どもにも変に期待しないことで穏やかな気持ちになれます。親のココロは、仕事をしていても、家事をしていても、育児をしていても、介護をしていても、本来一所懸命であると思うのです。これがケセラセラ（なるようになる）です。

3か条、自分なりの言葉に変換してメモに書いておきましょう。ストレスをためこまないための自分ルールと思って心に刻めるといいですね。家訓みたいなものなので、こちらも、できればご夫婦で共通認識を持てるように話し合ってみてほしいです。第一章で、お産を終えたときの気持ちを書いたように、子どもが少し大きくなってきたとき、夫婦がそれぞれに感じている複雑な心境を整理するためにも、親の心構え3か条として定めてみましょう。

書いてみよう

『超訳 禅の言葉　生きるのがラクになるヒントの宝庫』
ひらたせつこ著　武山廣道監修　リベラル社　2021年
＊禅の言葉に関する部分の参考書籍

第二節　ワーキングマザーの日常生活。コロナ禍で働きづらさが急加速

筆者はフリーランスのキャリアカウンセラーですが、コロナパンデミックの都下にて激務の毎日です。あり得ないスケジュールに現在も忙殺《ぼうさつ》されていますが、体力的にも精神的にも過酷です。もっと大変な思いで命がけで働いてくださっている最前線の方には及びませんが、キャリアカウンセラーとしての立場からは、オンラインを活用した事業活動と本を執筆することによる情報提供しかできませんでした。

正社員勤務の共働き家庭では、育児をしながら早朝3時から仕事をすることは難しいです。しか

【コロナ緊急事態宣言中の筆者のスケジュール実例】

3:00	起床＆身支度
	いきなりＯＮモードで昨晩のメール処理等
	（海外とはやり取りがしやすい時間）
4:30	オンラインでスピリチュアル活動
	プチ瞑想＆祈りなど。一日のスケジュールの確認
5:30	起こさなくても起きてくる子供の対応をしながら研究＆読書等
7:00	着替え＆朝食準備＆もろもろ
8:00	３人の子供登校、夫出社後家の掃除と洗濯
	→コロナで夫も完全在宅。通勤時間が浮いた夫に洗濯は丸投げ
	→子どもが休園・休校。うっとうしいを通り越して仕事にならない
9:00	業務タスクに着手。電話対応、営業活動
12:00	自炊＆ランチ。給食・社食のありがたみを実感
13:00	筋トレ＆ランニング（夏場はたまに水泳）でストレス発散
14:00	※コロナで子どもが在宅時は、子どもと遊ぶ時間やらなんやら
15:00	子どもとおやつ
	→隙間時間に経費処理とか
	宿題をさせながら簡単なタスクを一気に片付ける
17:00	夕食づくり、子どもの保育園・習い事・塾など送迎
19:00	夕食家族団らん。片付けは夫の担当
20:00	メール処理や原稿処理や読書など（絵本読み聞かせも含む）
21:00	就寝

し、そうでもしないと仕事も生活も回りません。共働きで子どもを3人育てるという奇跡的な働き方は、リモートワークだとしても、余程の工夫がない限り継続させることは難しかったです。

第三節　必要なのは「親」への支援と、社会構造の変革

第一節で示したように、働き盛りの30～40代、特に育児世代が疲弊している日本経済界の現実がありま

す。いかんともしがたい職場の状況はさることながら、ノーベル賞受賞者である世界的経済学者ヘックマン教授も言うように、人間の発達段階を鑑みた際、5歳ごろまでに人生が決定づけられます。「人間」という生命体は、人生の初期3歳ごろまでに、脳がつくられるので、養育者は何を優先にするでもなく、全力で子どもを育てることが求められています。しかし、現実はどうでしょうか？

女性が7割といわれている医療従事者、女性の正規雇用の本丸でもある教員・教師たち、保健師さんや日本の9割といわれる中小企業の現場で日常生活維持のために貴重な仕事を担う大人たちも男女問わず疲弊しています。過労死という言葉や、7人に1人の子どもが貧困と言われる現代日本はもはや後進国です。マクロ経済学の視点でいうところの国内総生産（GDP）を高めなくては、この先ますます加速する少子高齢時代を乗り切れません。一方で環境問題に代表される、地球環境という生命基盤を脅かす世界規模の課題解消も待ったなしです。グローバル企業や大企業に勤務しているからといって安泰ではありません。

パンデミック下でのオリンピックはそもそもあり得ない暴挙でしたが、実施されてしまいました。命を軽視する国際組織の在り方に、もはや何が正しくて何が間違っているのか、子どもたちに教えることができなくなりました。欺瞞《ぎまん》に満ちた矛盾だらけの世界をどうやって希望の国として創り上げていけばよいのか、親としてもまったく分からなくなりましたが、親も仕事も辞めることはできません。

ほんの小さな「こだわり」が毎朝続くと、定時に出勤しなければならない親は疲弊します。保育園には素直に行ってほしいものです……。

第四節　親子支援のソリューション

具体的に〝困っている親子〟を支援するためのケーススタディをご紹介しましょう。いい方向に向かったケースを、個人が特定されないように脚色して紹介します。

《ケーススタディ①》

小学2年生女子。4歳の妹がいて、いつもママに代わって世話を焼いていたしっかり者のお姉ちゃん。姉妹ともに、発達検査は未受診。両親は共働きかつ核家族で、新型コロナ感染症が広がる前から登校拒否傾向があり、手洗いによる強迫性神経症が酷くなったケース。適切な医療機関&療育機関との連携で、しばらくして学校復帰はできました。ペースを落として、別室登校をしながら、毎日をゆっくり過ごしています。

発達凸凹ちゃんは、自分に自信が持てず悲観的な考え方をする様子が見られることがあります。緊張感が強くて、何事もうまくいかないのではないかなと、強い不安を感じているケースも多いです。手を洗うという行為自体は通常のことですが、何度洗っても汚れているかもしれないという不安が増幅して、手を何度も洗い続けるという強迫的な行動（これを2次障害といいます）を発症してしまいました。発達障害起因の問題なのか、生活環境の変化による他の疾患であるのか、専門医の診断が必要なケースです。

ご近所に親しい友達がいませんでしたが、放課後遊び場で関わった支援員さんの助けもあって、クラスに戻ることができました。本人も笑顔が出てきて、だんだんと元の自分を取り戻せたようです。4歳の妹の保育園ママさんたちが自然な関わりをしてくれたことも奏功しました。身近な地域の人間関係を築いておくことの重要性が問われるケースです。親子を知る立場の人は、予防的行為として顔見知りになる、できる範囲の声がけをするなど、日ごろからつながりづくりを欠かさないようにしておくことで〝困ってしまった親子〟を救えます。

《ケーススタディ②》

保育園年長男子ひとりっ子。シングルマザーのお子さんで発達検査は未受診。2歳前からゲームやメディアに親しむ。気が付いたらゲームから手を離さなくなったケース。トイレにも持ち込み、食事時もそわそわしだし、のめりこみ方が異常だとの主訴。

解決策は、家庭内のゲーム機を一旦すべて捨てたことでした。まだ子どもが幼いうちは親が強硬手段に出ることで電子機器依存からも回復します。現在は、親と一緒にゲーム機を使うというルールのもと、60分間という制約の中で適度にゲームを楽しんでいます。

ゲーム依存に関する問い合わせは、コロナ禍以前から激増していましたが、専門家たちの間では、これからますます電子機器に関する問題は増えるであろうと議論が尽きることはありません。電子機器依存に子どもを陥らせないための方法は、電子機器を使わせないことです。少なくとも3歳になるまではアナログ育児を徹底することで予防しましょう。無料の電子絵本や動画ではなく、紙の絵本を中古で買うか、図書館で借りるなど、お金をかけずに電子機器から遠ざける方法を徹底しましょう。

人間は社会的動物なので、スマホやタブレットなどの電子機器を通しての刺激だけでは、脳の前頭葉が正常に発達しません。思考や創造性を担う前頭前野は、乳幼児期の体を使った遊びや人との関わりがなければ、正常に発達しません。物事にはまりやすいＡＳＤの傾向がある子どもに、電子麻薬ともいわれる電子機器を与えてしまった場合、その特性ゆえに、即座に電子機器依存症に陥ってしまいます。

保育園は、家庭に代わる大きな愛のゆりかごですが、ご家庭でこそ、なけなしの時間を絞り出してでもお子さんを電子機器から遠ざけた方がよいでしょう。絵本を読み聞かせる10分の時間はなかったとしても、電子機器以外の玩具（ブロックやパズルなど）でひとり遊びは2歳前後からできますし、毎晩寝る前の入眠儀式で、大好きだよ、今日もありがとうと声をかけてぎゅっと抱きしめ、添い寝することくらいは出来るはずです。近年有名になった愛情ホルモンである〝オキシトシン〟は、親子が触れ合うときにたっぷり分泌され、発達が良い方向へ促されます。

無条件の愛を与え、無条件の愛を受け取る親子の愛情のキャッチボールは、「密接に関わり合うこと」から育まれますから、発達凸凹ちゃんには人の手による直接的なコミュニケーションを欠かしてはいけないのです。

カウンセラーがクライアントさんに伴走する際に意識する「お子さんの障害の受容の3ステップ」を以下に解説します。親御さんは、実子の障害についてある程度予感と覚悟があった場合でも、心の底から子どもの障害を受け入れられない場合があります。これを「否認」と言いますが、支援者となりうる読者の皆さんには、障害を持つ子どもを育てる親は、次のような心理的ステップを踏むのだなということを学んでほしいと思います。

①あきらめる……手を尽くした、障害は治らない、と認識する
②容認する……この子でも仕方がない、命があるだけマシ、と受け入れる
③克服する……この子がいい。この子だから一緒にできる、と行動する

避けられたはずの事故や病気とは異なり、避けることのできない障害、治ることのない障害の受容は、どんな偉人だとしても葛藤するしかない重大な現実です。人生は何が起こるか分かりませんので、突然の不幸に見舞われることがないということは誰にも言えません。だからこそ、「受容の3ステップ」は、人間としての人格が鍛えられる、親にとっても支援者にとっても、強い心の発達のプロセスだと言い換えることができるでしょう。

単なる楽観ではなく、すべてを受け入れた上で前向きに行動できるようになり、ケセラセラと言い切れる度量の深い人間へと親子共々成長していくための「受容」プロセスは、ひとりの力で乗り越えることはできません。似た境遇の仲間や適切な支援者、理解者が必要です。みんなで一緒に乗り越えていくことで、成長し生きていこうとするポジティブなエネルギーが自ずと湧きあがってくるので、〝困っている親子〟には、「居場所・コミュニティ」が必要なのです。

〈ちょっと耳寄り情報〉

癌が治る病気となってきた希望があるように、発達障害の治療においても、目覚ましい医療技術の進歩があります。こういう医療の技術の進歩も〝困っている親子〟には必要な支援となります。

rTMSという最新の治療法（repetitive Transcranial Magnetic Stimulation の略）は、直訳すると「繰り返し、頭蓋《ずがい》を経た、磁気の、刺激」となり、神経内科などでうつ病などの治療に用いられています。値段は高いですが、発達障害の特徴である「脳の機能障害」の改善に有益と言われています。

発達障害の治療薬であるストラテラ、コンサータなどの薬物療法に抵抗がある方、カウンセリングのみの治療に限界を感じられている方、医療機関とつながれずに困っていて、早期療育・早期治療を検討される方にとっては嬉しい、世界最先端の治療方法です。現在は保険診療外治療法ではありますが、今後の展開には個人的に注目しています。

第三章

家庭崩壊ではなく〝過程創造〟のコツ。こんなときこそ「お父さん」

～家庭は第一の居場所。
パパの力は家庭にも必要です

第一節　お父さんのケイパビリティ（潜在能力）を高めるために

女心は秋の空。人の心は移ろいやすくとらえがたい。こんなに頑張って働いているのに、愛する妻や子どもからはダメだしされている俺って一体……。妻のトリセツを読む暇も余裕もまったくない「お父さん」へ贈る章。

仕事を通して家庭を守っているって、本当にすごい。子どもは帰宅すると大体寝ていて、妻からはよく分からないことを延々と愚痴られる。折角洗濯物を干したのに、洗濯ハンガーのピンチの位置までやり直しさせられる。お皿洗いにダメだしされるとへこんでしまって、二度と家事などしたくない。それでもパパは毎日稼ぎに出かけなければいけません。大黒柱って実はものすごくしんどいんです。完全在宅ワークって、最先端の働き方とか言われても、むしろストレス倍増です。これまでは会社に通うのが当たり前だったにも関わらず、自宅が職場って、どうやって心を安らげたらいいのか、発達凸凹ちゃんに職場まで奪われそうな人生最大のピンチかもしれません。お父さんの肩にかかる数々のプレッシャーを数字を通してみつめながら、夫婦の「ケイパビリティ（潜在能力）」を発揮することができるヒントをお伝えしていきます。

※ケイパビリティ（潜在能力）とは……

アジア初のノーベル経済学賞を1998年に受賞した、哲学者でもあるアマルティア・セン教授が提唱した概念。貧困のメカニズムをミクロ経済学の視点（家計の観点）から解明し、市場の競争、市場の失敗、市場の暴走などへ苦言を呈し、教育と人々の健康、財産以外のケイパビリティ（潜在能力）に注目した。共感性、利他性、関わり合いを通して、弱い立場の人々の悲しみや苦しみを救い上げ、良く生きるための機能、コミュニティ、社会参加を促した。女性のケイパビリティは性差別の残る社会においては発揮されていないが、男性のケイパビリティもまだ未開発。

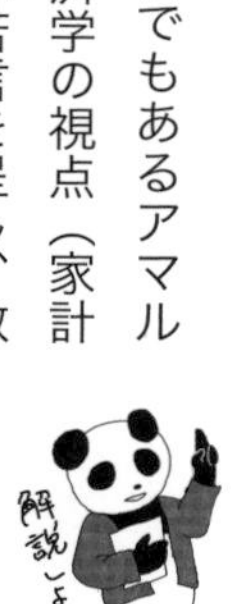

第二節　お互いを支え合う夫婦、会話は徹底的にポジティブに！

仲良しであるはずのパパとママ。子どもの前での喧嘩は虐待ですが、ついつい夫婦喧嘩をしてしまいます。発達凸凹ちゃんは反応しなくても、ちゃ〜んとパパとママの会話を聞いています。家庭での何気ない夫婦の会話が子どものココロの成長に大きな影響を与えているからです。夫婦2人でお互いのケイパビリティ（潜在能力）を高め合う持続的な協働作業は「対話」です。共働きで忙しすぎて、「心を亡くして」しまう前に、パパからママへの何気ない一言は以下のようにしてみてください。

〈NG言葉〉 →〈ポジティブ言葉〉

「手伝うよ」 →「僕にできることあるかな？」

「どうしてこんなことができないの」 →「難しいこと頼んでごめんね」

「分かった？」 →「分からなくなったらまた教えて」

「気にしないでいいよ」 →「困っていること相談してよ」

「最近太った？」 →「一緒にジムにでも通わない？」

「そんな細かいこと気にしていたらしわが増えるよ」 →「おおらかに過ごすと健康にいいみたいだね」

「話長いね」 →「言いたいこともっと聞きたいけど受け止めきれなくてごめん」

「やることなさそうだから、寝てていい？」 →「僕にできることあったら教えて」


NG言葉は、カウンセリング技法である「リフレーミング」を使って、ポジティブ言葉に転換して語り合いましょう。歯の浮くような気取ったセリフだとしても、愛情を込めて365日語り続ければ、そのプロセスが夫婦円満に導いてくれます。
次節では、ネガティブに陥りがちな子育て中のパパさんに向けた、ポジティブ感情を高めるためのワークがありますのでご紹介しましょう。

第三節　3か月後のパートナーに向けて手紙を書こう

2021年3月に京都大学こころの未来研究センターのグループが「未来の自分に手紙を書くことがネガティブ感情の軽減につながる」という実験結果を示しました。ここでは応用編として、夫が、3か月後の妻に向けて手紙を書いてみてください（妻→夫でももちろん構いません）。ココロが和らぐポジティブワークです。だまされたと思って、一言でいいのでこの本に直接書き込んでみてください。長くなる場合は、便箋を用意してくださっても構いませんよ。

（例1）3か月後も、同じ未来を見ていたい
（例2）まだ行けていない、見せたい場所に一緒に行こう
（例3）子どもと○○のために絶対に昇給するよ

書いてみよう

目の前の相手には照れて言いにくいことでも、書いてみると意外にすんなりと書けたのではないでしょうか？　ありがとう、愛しているよという言葉はふつう照れくさくて面と向かって言いにくいものですが、それでも言い続ければいいのです。ネガティブスパイラルに陥りがちな時期にこそ、近未来に想いを馳せ、愛の力を爆発させましょう。

夫婦愛、親子愛の絶頂期であるはずの産後の3年間がママのうつ病の発症率が高い時期と重なります。気分の浮き沈みが激しくなるマタニティーブルーとは異なり、

産後うつは、育児が楽しくなくなり子どもを愛することができず、母親失格だと自責が加速し、酷い場合は自死へとつながる病気です。ある調査では、医師の診断は受けていないまでも産後うつ状態になったことがあると答えたママは77％にものぼります。夫婦はもともと他人ですが、結婚した以上他人ではありません。お互いの本音や性格のよしあし、価値観の違いも見えてきて、育児方法に関するちょっとしたすれ違いも生まれてくる時期は、危機でもありますが、「機会」でもあります。真の愛を成熟させる機会にしてこそ、子どもを無条件に愛することができるようになります。

第四節　幸せになる言葉がけは、夫婦から子どもたちへ

親の世界と、乳幼児の世界とは、かけ離れています。一般に、子どもに接するときは、大人の感覚の「8倍」ゆっくり接すると良いとされています。時代の流れは速いのですが、子どもの成長はゆっくりです。焦らないでくださいね。

0歳：泣きやまないとき

×どうして泣きやまないんだ！

○泣くのが仕事だよね。泣いていいよ～

1歳：遊んでくれとしつこいとき

×待ってろと言ってるだろ？

○楽しいこと一緒にやろう

2歳：お茶をこぼしたとき

×こぼすなって何度注意したら分かるのか！

○拭いておくよ

3歳：偏食が酷いとき

×大きくなれないよ

○嫌いな食べ物は誰でもあるよ

4歳：友達と喧嘩したとき

×あやまりなさい

○何か困ったことがあったのかな？

5歳：着替えをしないとき

×もう自分でできるよ

○着替えさせてほしいんだね

オススメ本

『子どもが幸せになることば』田中茂樹著　ダイヤモンド社　２０１９年
＊ご家庭に１冊あるとよい本です。本１冊で夫婦の笑顔が増えるなら安い買い物ですよ。

発達凸凹ちゃんの場合、育児書に書かれているような反応は示してくれません。ですが、親の愛情たっぷりの言葉とスキンシップは、絶対に子どものココロに届いています。根気強く、一日一言だとしても、子ども自身が「幸せになる言葉」をかけてあげられるのは、親しかいません。第一章で触れたように、子どもは母子一体感を持って生まれてきます。10か月もママのお腹の中にいたから当然です。子どもはママの姿が見えないだけで不安になり、トイレの中にもついていきます。胎内でのつながりのなかったパパの存在は、子どもからすれば謎の生命体です。生まれた後に、言葉がけによって、また、スキンシップによって、真の親子としてつながっていくしかないわけです。パパの頑張りどころが多くて恐縮ですが、パパが積極的に子どもに向かっていかない限り、子どもたちは「ママがいい！」となるしかないのです。

第五節　国際データと日本の文化から見るパパの悲哀

ＯＥＣＤ（経済協力開発機構）による世界価値観調査、「How's Life? 2020（幸福度白書２０２０）」によれば、先進国や発展途上国を含むほとんどの国で、女性の幸福度は男性よりも低いという結果が出てい

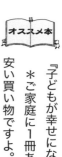

ます。「女性・高齢・低学歴であるほど幸福度が低い」というのがいわば、世界の標準的データです。日本においても、世界経済フォーラムが公表するジェンダー・ギャップ指数２０２１年の結果を見ると、１０２位の韓国、１０７位の中国よりも下の１２０位という結果で、男女平等がなされていないという現実は、よく知られています。そんな日本においては、世界の中でも女性の幸福度が低いだろうと想像されますが、興味深いことに、ＯＥＣＤ幸福度白書の「ネガティブ感情度」という指標によれば、日本は、男性のネガティブ感情が女性のネガティブ感情より上回っているという結果が示されています。つまり、日本では、「男性の方が女性よりも不幸せ」なのです。

もともと日本では少子化は進んでいましたが、コロナパンデミックによって、結婚するカップル自体が激減しています。アフターコロナの世界では、20代、60代のソロ家庭が多くの割合を占め、子どものいる家庭の割合は全体の25％くらいにしかなりません。２０４０年には単身で暮らす人が39％となるという統計予測もあります。無事に結婚したとしても、３組に1組が離婚する時代でもあります。ジェンダー問題を問う以前に、家族を支える男性も女性も共倒れになりかねない状況が進行中です。

日本男性の「不幸せ」の原因は、女性・高齢者・低学歴である多くの人たちを「大黒柱」として養っているからだろうと推測できます。累進課税に代表される高所得者への課税強化は不幸をさらに悪化させ、勤労意欲をそいできました。トリクルダウンは起きませんし、家計支出における教育費の高騰、デフレスパイラルによる賃金の停滞は、30年以上続いています。
2021年の内閣府による少子化社会に関する国際意識調査でも、日本は子どもを産み育てにくいと6割の方が回答しています。親になる覚悟があるとかないとかの問題ではなく、根本的に社会構造、法律、習慣、意識が整っていない国であるという事実に、笑うしかない状況なのです。

パパの苦しみは、ママたちの苦労の追体験でもあります。1986年の男女雇用機会均等法の施行をきっかけに近年の女性活躍推進法などの後押しで、女性の稼ぎ手としての社会進出は高まりましたが、男性のケア役割への理解と家庭進出は、ほとんど手が付けられてきませんでした。「時間」という資源の重要性が理解されていない現実については解説した通りです。2020年の日本人全体の平均年齢は48・4歳です。世界全体の平均年齢30・9歳と比べても、老いている国だからこそ、〝困っている親子〟を年配者が支えるというパラダイム転換をして試練を乗り越えましょう。

第四章

社会が優しくないから〝困っている親子〟が増える一方

〜疲れたときには「笑う門には福来《きた》る！」チーム育児で乗り越えよう！

第一節　ココロのお荷物チェック

この章では、ママやパパだけでは乗り越えられない現状を「チーム育児」で乗り切るために、支援者の皆様へ向けたメッセージについて書いていきます。育児と仕事の両立に疲れたママやパパに元気になってもらいたいので、まずは、ストレスチェックをしてみましょう。

当てはまるものに◯を付けてください。

【ココロのお荷物チェックリスト】

①気分転換が苦手
②細かいことが気になって仕方がない
③どんなことでも真面目で一生懸命取り組む
④「～べき」、「～しなければならない」と考えがち
⑤「私なんて」と思うことが多い
⑥スケジュール通りにいかないと不安になったり、焦ってしまったりする
⑦人に頼むことが苦手で抱え込んでしまう
⑧完璧主義だと思う

⑨失敗をしたときに自責の念に駆られる
⑩友人との付き合いが希薄
⑪他人と比較して落ち込む
⑫夢中になれる趣味や楽しめることがない

いくつ○が付きましたか？　当てはまる数が多ければ多いほど、ストレスを抱え込みやすく、メンタルヘルス不調を起こしやすい状態です。「チーム育児」で乗り切るためにも、メインで育児を担う方のココロのお荷物は軽くしないといけません。育児に関わる「チーム」皆が幸せになるためには、ひとりでも多くの人の「笑顔」が必要なのです。

ココロを軽くするための心理療法としてのおすすめは、「森田療法」です。西洋の認知行動療法はアジア諸国の文化価値観を持つ親には受け入れにくいアプローチでもあるので、「あるがまま」「内観」を説いた森田先生の療法が、日本人の〝困っている親子〟には効果が高いです。森田療法によれば、《不安は、より良く生きたいという欲望の裏返し》です。第二章の3か条も、森田療法をベースに筆者が独自におすすめしているココロのお荷物をおろすための心構え。不安がない人はいませんが、不安をどこかに遠ざけない限り、見えない不安の影に怯えて暮らすことにつながりかねません。第二章で紹介した心構えを毎日

口ずさんで楽しく育児してみましょう♪

①なるようにしかならない

②とにかく自分を最優先に

③期待しない

第二節　カサンドラ情動はく奪障害にとらわれない方が夫婦はうまくいく

発達凸凹ちゃんの親も発達障害である確率はかなり高いと言われていますが、自閉症スペクトラム障害（ASD）である人と情緒的な相互関係が築けないために配偶者や身近なパートナーに生じる身体的・精神的症状を、「カサンドラ情動はく奪障害」といいます。

ママは、思い通りにならない育児に、自己肯定感が下がるしかない状況に追い込まれているため、不安や焦りから気が休まる時間がありません。睡眠時間でさえ、子どものお世話で自由になりませんし、産後はホルモンバランスも崩れているので、自律神経が乱れたり、体の不調も起こったりしやすくなります。そんなときこそ、ママ自身がポジティブに笑顔で過ごせるような周りからのサポートが、「小さな命」を守るためにも家族を守るためにも重要です。とはいえ、前章で触れた通り、パパも大変なんですけどね（涙）。

カサンドラはギリシャ神話に出てくる悲劇の予言者です。真実の正しい予言が、誰からも信じてもらうことができないという呪いをかけられたカサンドラ。そして最大の理解者であってほしい最愛の夫に何を伝えても気持ちが通じない妻。悲劇のヒロインとなり得るこの状況をモチーフに、〝カサンドラ情動はく奪障害〟という概念が生まれました。カサンドラ情動はく奪障害は病気ではありません。発達障害＝病気ではないことと同様に、親密な関係性を築くべき夫婦の間に生じるコミュニケーションの不具合によって引き起こされる「葛藤」です。「関係性の問題」ということから、機能不全という言葉を使ったり、夫源病・妻源病と呼び変えたりする医者やカウンセラーもいます。病気ではないので、治療方法は今のところありませんが、夫婦なのに気持ちが伝わらない、子育ての悩みを共有してもらえない、何気ないパート

だんなさんは基本的には穏やかで仕事もできる「いい人」。
けれど結婚後に気づく気になるあれこれ。
ふだんはボーっとしている
買い物に出るからぽんちゃん見ててね。
ほーい。
買い物の間、見てててって言ったじゃん～
ふぎゃー
うん、見てた。ママがいないって、ずっと泣いてた。
泣いてたらあやすとか抱っこするとか、おむつ替えるとか言わなきゃやらないってどうなの？
もや
もや
のちにだんなさんも典型的な発達障害特性を持っていることが判明。

ナーからの言動に傷付くなどによって、カサンドラ情動はく奪障害の状態が無力感、孤独感、絶望感につながり、抑うつ状態を悪化させるケースも報告されています。

カサンドラ情動はく奪障害の状況に陥ってしまった夫婦の場合、家族療法、システムズアプローチなど、心理学的な専門的介入が必要です。夫婦そろって専門家を頼ると早期に関係性が回復します。ASDの男性の妻にはADHDの傾向の女性が多いと言われており、誰が悪いということではありません。たまたま、夫婦それぞれの「脳の特性」が関係性をこじらせて起こる悲劇にほかなりません。

理想と現実は違います。新婚時期と呼ばれる3か月間～1年間は幸せの絶頂期ですが、子どもが生まれたときから生活は一変します。夫婦間の見えないほんの小さなほころびが、強固に結ばれたはずの2人の愛の絆を、じわじわとむしばむことがあります。単純に「笑いのツボが異なる」というだけでも、夫婦関係にひびが入ることもあります。チームであるはずの夫婦関係が壊れれば、家族全体が不幸になってしまいます。

第三節　ココロの荷物は「笑い」で軽くしないとね

ワンオペ育児は、まさに下の絵のような状態。ママだけが子どものお世話をして皿回しをし続けるのではなく、皆で役割を分担しあって、全体で良い暮らしを

創造していく必要があります。発達障害のある子も早期発見・早期療育で良い成長を遂げるように、パパやママだけではない「チーム育児」を実践することは、失敗しない人生を送るための予防行動のひとつです。自分や誰かを責めるのではなく、既にある人間関係などをポジティブにとらえ直し、できることから改善していくことが必要です。ひとりだけで、夫婦だけで問題を抱え込んでも良い方向に進みません。日本社会の慣習や文化、政治や経済の機能不全のしわ寄せが〝困っている親子〟に回ってきている現代社会です。遠慮なく使えるサポートは使う必要があるのです。

「あり得ない！」というような状況の中で、家族の暮らしを機能させてきたのは歴史的にみても女性たちでした。男性の多くは、業務命令に逆らうことはできません。「転勤なら仕方ないね」、そういう言説に涙

してきた方は過去の統計を見れば明らかですが、時代錯誤なルールや文化、価値観を変えるにはまだまだ時間がかかりそうです。今すぐ家庭内で使えるノウハウを2つ紹介します。

《ノウハウ①》

●リフレクション

（夫婦間での生活全般振り返りの対話。会社の上司との1on1に近い）

目を見てお互いが見つめ合うのではなく、ハの字に座って共通のあるもの（プロポーズのときの想い出の指輪でも構いません）を見ながら、連想ゲームのように思っていることを伝え合いましょう。

発達障害の特性を持つ人は、他人の気持ちや状況を想像することが苦手です。職場では無難に社会適応していたとしても、家庭で親密な人間関係を築くことを極端に苦手としている場合もあります。基本的にはASDの特性を持つ人は、良い人ですが、シンプルで合理的な反応しかしないコミュニケーションスタイルが多いと言われています。パートナーの口数が少なすぎて会話が成り立たず、妻が孤独を感じるという場合もあります。夫婦間の共感性という問題を取り扱うことは、訓練された専門家でないと難易度は高いですが、夫婦だけで何気ない対話ができる時間を1日5分でもよいので確保しましょう。

《ノウハウ②》

●リトリート

（本来の自分に戻るための時間を持つこと）

同じ境遇の仲間や信頼できる親や友人、気心の知れた友達と話すことで夫婦間、家族間の問題も解消される場合があります。夫婦だけで抱え込まず、心理学でいう「カタルシス効果」を狙って、自由になんでも話せる場所や時間や仲間を確保しましょう。子連れで遊べる場所がコロナパンデミックによって激減しましたが、時には子どもを安全などこかに預けて夫婦だけで出かけることも大切です。大人は忙しいということを子どもに分かってもらうことも「育児」のひとつ。未就園児を預かってくれるベビーホテルも充実してきました。夫婦は愛し合い支え合う必要があるのであり、いがみ合い戦ってはいけません。夫婦だけの時間を意図的につくり出しましょう。支援者は、子どもを預かってあげたり、休日にがらりと環境を変えてみるように外出するよう促したり、夫婦が「休養・静養」できる時間と場所を整えるサポートをしてあげてほしいです。

育児中のママは、育児を手伝ってほしいわけではなく、パパと一緒に育児を分かち合いたいのです。もちろん猫の手も借りたいほど忙しい現実からすると、一秒でも多く寝たいというのが心の底からの本音。この微妙な心の機微がお分かりいただけますか？　発達障害を持つ方の独特なこだわりや、その特性によって本人も気付かず成長してしまった方は、自分以外の人が持つ繊細な心の機微を想像することも難しく、愛すべきわが子やパートナーだとはいえ、謎の生命体をどう扱っていいのか理解が追い付いていないだけなのです。ママもパパも人間ですから、それまでに培《つちか》ってきた自分の価値観やコミュニケーションスタイルを突然変えることはできません。

だからこそ、第二章で紹介した3か条、思い出してください。なるようにしかなりません。自分を最優先にし、過度な期待を相手にしない。夫婦といえど所詮は他人。治らない障害を治そうとしない方が平和であるように、こういう人なんだね～って、お互いを思いやって労わりあって楽しく過ごす方が、夫婦円満、家庭は平和なのです。頭が働かなくなったら、すべてを一旦横において、「寝る」のもおすすめです♪

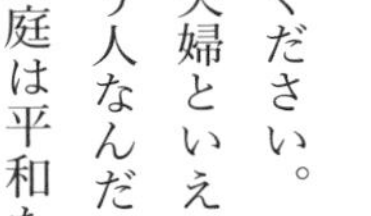

第四節　〝メタ認知〟スキルは、家庭でこそ必要

人事・キャリアカウンセリング界隈で有名な「メタ認知」という概念があります。society 5.0という言葉を耳にしたことがある方もいらっしゃるかと思います。日本が提唱する未来社会のコンセプトとして、第5期科学技術基本計画（2015～2020年度）に登場したキャッチフレーズです。理系のキャリア

を築いてきた方にはおなじみの考え方ですが、仮想空間と現実空間を融合したシステムにより、経済発展と社会課題解決を両立しようとするものです。

簡単に言えば、科学技術を使って現実社会をより良くしましょう、ということです。日本政府は、デジタル庁やこども庁をつくっていますが、看板を掲げるだけで課題が解消されるなら誰も苦労はしないでしょう。society 5.0 の世界を実現するには、「メタ認知」力を家庭でこそ機能させる必要があります。

「メタ認知」とは……客観的に自分自身の状態を俯瞰《ふかん》してみる技術のこと。認知心理学の領域で生まれたmetacognition（メタ認知）が、教育現場にもようやく浸透しつつあります。「メタ」とは直訳すれば「高次の」という意味ですが、筆者は〝自分の事を自分で知る力〟と言い換えています。

このスキルは、ボタンを押すように一瞬で身に付くものではありません。適切な養育者との関わりの土台があり、体験と経験による学習や社会生活を通して、ゆっくりと育んでいくのが「メタ」のスキルです。発達段階的に見れば20代後半から30代のうちに培っていく能力でもあります。

人間としての基礎は3～6歳までにつくられるため、夫婦協働で育児に当たる〝家庭〟の現場にこそ必要な技術です。「国家百年の計は教育にあり」と言いますが、働く大人のキャリア支援者として15年以上にわたり多くの方の声を聴いてきた立場から代弁すれば、「人類史千年の計は家庭にあり」

なのです。3世代同居は若い夫婦には好まれませんが、家業や事業の継承の観点から見れば、捨て去るのが惜しい優良な「人材育成」システムでした。親の背を見て子は育つ。好むと好まざると、子どもは親の生き様を手本に、成長していく生命体です。「親業」という言葉も今は流行しませんが、親という役割は、お金では計算することができない「尊い未来を築くための最高の役割」なのです。愛がなくては、親の役割を担うことはできません。損得を考えてしまう合理的な考えが蔓延した今、親の役割は誰もが放棄したくなる苦行なのでしょう。

人間は「感情」で動く情緒的な存在です。第一節で解説したように子どもは、感情を丸ごと表出する愛らしい存在です。発達凸凹ちゃんたちは、その特性が定型発達の子どもよりも複雑ゆえに、親たちの「合理的で理性的な社会生活」を破壊してきます。理性（親）と感情（子）の対立が24時間365日家庭内で起こっているわけですから。

子育てをする親は偉大ですが、現代の日本社会は、「子育て罰」という言葉まで跋扈《ばっこ》し、2012年生まれ（2021年時点で小学3年生）以上の子どもを育てる夫婦は、幼児無償化の恩恵も受けることができていない、多大な育児負担を負ってきた世代です。そもそも日本ではバブル崩壊以降、大学生の新規採用を抑制し、超氷河期世代と呼ばれる世代の雇用環境を崩壊させてきました。また、企業にとっては都合の良い雇用の調整弁である、縁辺労働者（パート・アルバイト・非正規雇用スタッフ・期間従業員）は人口減少社会にあっても使い勝手の良い安い働き手です。移民労働者に頼ろうとするのではなく、高度外国人材を招き入れることができるような魅力的で洗練された国家、企業となるべき責務が先進国であるならばあってしかるべきですが実現はできていません。

喜怒哀楽の感情の中で、「怒」が最も強いエネルギーですが、怒りのコントロールは訓練を重ねた「メタ認知」スキルを保有するカウンセラーでも難しいことでした。大人として培ってきた自信や経験もまったく通用しない未知な発達凸凹ちゃんとの遭遇を重ねていくうちに、本来の自分を見失う親は数えきれません。発達障害に限らず、まさかわが子が！　という衝撃やショックは、経験しても慣れることはないでしょう。怒りは争いを生み、ひどい場合は最も弱い愛すべき対象である子どもを捨てたり、虐待してしまいます。

また、「子どもはあなたを選んで生まれてきたのだから大丈夫」という周りの人からの親への励ましの言葉は、負担になりはしますが、慰めにはなりません。「あの親にしてあの子ありだ」と突き放される言葉も親の心をえぐります。発達障害の原因は未だに解明されてはいませんが、育て方の問題ではないという事実は証明されています。生んだ責任とか養育者の責任だとか言って、親を責めても何の解決にもなりません。それでも、人生は続きます……。怒りを笑いに変える方策はいろいろありますからご安心を！

第五節　老若男女で歌っちゃえ！　踊っちゃえ！

コロナで激変した世界。リモートワーク、リモート会議、リモート授業、リモートカラオケ、リモートヨガ、リモートセラピー。こちらが普通になっちゃいました。オンライン疲れという声もちらほら聞こえてきますが、そもそも乳飲み子を抱えて在宅ワークは不可能です。リモートワークなら育児できるよ、という人は、ワンオペ育児を自らやったことがない人です。第二章で示したように、乳児を育てながらの仕事は「早朝3時」からしか無理でした。

離別死別によるシングル家庭の困窮は、親が「育児をしながら働き続けることができない」という一点に集約されるように、積み重なる疲労と、睡眠負債、仕事を失うかもしれないという不安定な境遇は、虐待、育児放棄、自死へとつながる大きなリスク要因です。コロナパンデミックのような感染症や自然災害に見舞われたときと同様、障害や病気も一般の市民が努力したとしてもどうすることもできません。

だからといって「怒り」に身を任せるのではなく、歌ったり、踊ったりしながら前向きに励まし合って老若男女でサバイバルしていくしか人生を回復させる手立てがないのです。「どうにもならないことをどうにかしようとしすぎないこと」、これが第二章で示した〝ケセラセラ〟でした。

読者の皆さんが今すぐできることは何だと思いますか？　思いついたことを何でも書き込んでみてください。

（例1）この本を誰かに推薦する
（例2）選挙に行く
（例3）〝困っている親子〟にご飯を差し入れに行く

書いてみよう

ご記入ありがとうございました。ぜひ、この本を一冊でも多く購入してください。売り上げは全額、非営利団体の事業資金として活用し、カウンセリング活動や講演・講座回数を増やします。〝困っている親子〟を支援するためには、相応の技術と予算が必要だからです。

第五章

愛があれば大丈夫。親はなくとも子は育つ

～仕事と育児の両立のための社会資源の使い方

子どもが養育者との深い関わりを通して育むべき「基本的信頼」は、養育者からの「無条件の愛」によって育まれますが、その前提である愛を生み出す「家庭の基盤」が崩壊しているのです。ここからは「無条件の愛」を取り戻すために、社会的資源の活用ノウハウと、仕事と育児の両立方法について具体的に示していきます。

第一節　SOSの出し方とソーシャルサポートの使い方

〝困っている親子〟当事者である現在育児中の皆さんは、使える〝リソース〟は迷わず使いましょう。現代社会は実は子育てしやすいのです。諸外国と比較しても、日本は育児を支える制度だけはしっかり整っています。病気になっても119番に電話すれば、救急車が来てくれるし、道路で迷っていても110番すればお巡りさんは助けに来てくれます。遠慮しないで頼ればいいんです。迷惑かけていいんです。我慢してもいいことはないですからね。頼ってしまったら〝申し訳ない〟って、自分で自分を苦しめちゃうのが一番もったいない。これからどんどん育児も仕事もしやすい時代になります。今は過渡期です。

●相談に乗ってもらう、話を聴いてもらうだけなら、誰でも遠慮なく活用してよい場所
《発達障害相談室、児童相談所、保健所、都道府県市区町村の子育て支援センター、自治体の教育相談室》
●子どもに療育を受けさせたいと思ったら

児童発達支援には児童発達支援センターと児童発達支援事業所の2種類があることに注意！

・児童福祉法に基づき広域（全国）に設置されているのが児童発達支援センター

・自治体など身近な地域の中核となる障害児の専門施設が児童発達支援事業所

●子どもを安心して預けられる場所を探したい方は、お住まいの自治体の支援を活用しましょう。一般財団法人女性労働協会のファミリーサポートセンター（QRコード）はおすすめです。

●企業主導のベビーシッターサービスも充実してきました。シッター派遣会社、シッターマッチング会社、保育ママや個人シッターさんが、それぞれ1時間当たり2000円前後で助けてくれます。厚生年金に加入している会社にお勤めの場合、内閣府ベビーシッター派遣事業割引券が使えるケースもあります。全国各地にある子育てサークルや親の会なども精力的に活動しており、ワンクリックで必要な人とつながることができます。

コロナパンデミックにより、福祉関連業務に忙殺される自治体職員の方も余力がありません。支援や医療、療育を受けたくても得られない厳しい現実において、「共助」のコミュニティをつくり上げる必然性も高まっています。発達障害当事者でもある筆者は、「公助」である行政サービスへ期待をすることをあきらめ、〝困ったときはお互いさま〟の精神で助け合える共助のコミュニティづくりに邁進《まいしん》してきました。災害大国でもある日本は、歴史的に民間の相互扶助の力で経済成長してきた豊かな国でもあるのです。

現在進行形で頼りになる民間非営利団体の活動も、〝困っている親子〟の強い味方です。次の３つはＮＰＯ法人として実績もあり信頼できる団体です。読者の皆さんもご関心とご支援をお寄せください。

ＮＰＯ法人全国こども食堂支援センター　むすびえ

認定ＮＰＯ法人しんぐるまざあず・ふぉーらむ

認定ＮＰＯ法人カタリバ

コロナはただの風邪とか、発達障害は単なる個性だから気にしなくてよいとか、当事者以外のトンデモ発言はインターネットやＳＮＳ上にあれこれ飛び交っていますが、〝困っている親子〟を放置していていいわけではありません。障害や病気に気付かない場合や気付いたとしても支援の手が得られない場合、長い目で見れば社会全体の損失です。８０５０問題の背景に見え隠れする発達障害起因の各種問題も、早期発見・早期介入・早期療育によって予防できたケースもあると報告されています。正しい発達障害の知識と支援技術が広がることを願っています。

申請主義である福祉現場の実情を知らずにいる方は、当事者となって初めて気が付いて結果として手遅れになる場合があります。「法の下に眠る者を法は救わず」という格言にもあるように、日本の社会保障は自ら申請しないと受け取ることができません。ひとり親家庭の自立支援制度の存在を知らない方もいます。児童扶養手当や、医療費助成、教育訓練給付制度などを求めて、自らＳＯＳを発し、必要な支援の輪をつくり上げていく行動力と、強さとエネルギーを貯えていなければ、〝困っている状況〟から抜け出すことも難しいです。お節介な第三者が必要な社会になってしまった、という認識を読者の皆さんは肝に銘じてください。

『一生涯にわたる安心を！　障害のある子が受けられる支援のすべて』
社会福祉法人和枝福祉会監修　ナツメ社出版　２０２１年
＊正しい支援を得るための最新の法律もまとめられている一冊です。

このオススメ本の良いところは、乳幼児期から親亡きあとまで一生涯にわたる継続的な支援について網羅されている点です。育児をテーマに上げると、ママの苦労が当然のようにクローズアップされますが、実はパパや祖父母たちも葛藤しています。そもそも子どもを産み育てられるだけの経済力のあるなしによって、家庭を持てるかどうかも左右されてしまっているのが現代日本の現実です。個人や一家庭に問題の原因を押し付けることなく、社会全体で未来の子どもたちを育てていきたいのです。

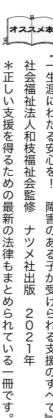

障害福祉の現場や、進路支援であるキャリアカウンセリングの現場で、真摯な悩みや課題に向き合い、自らも発達凸凹ちゃんの親として真正面から課題を受け止め、夫の全国転勤に付き合いながら現役キャリアカウンセラーとして働いている筆者の偽りのない肌感覚による警鐘です。

第二節　〝困っている親子〟を生み出しているのは社会の責任？

冒頭から解説している通り、発達障害は病気ではありません。脳の機能によって、環境（＝社会生活）との相互作用を通して形づくられる「特性」です。目が見えない方が社会生活を送るために、点字ブロックや盲導犬が必要なように、社会環境の側が障害を持つ方の暮らしやすさを支えていかなければなりません。

発達障害の「特性」が、単なる個性なのか才能なのか障害なのかは、環境によって決まります。発達障害を持つ当事者は「自分にとっての当たり前」が当たり前なので、家庭や保育園や学校などで、自分以外の誰かと接するときに、初めて自分という「特性」を理解します。自分は何者であるのかということを認識できるようになるのは10歳ごろからですので、なるべく幼いころに社会環境との相互作用という観点を持って発達障害当事者本人を助けていかなければ

なりません。「社会の常識・価値観」を親や祖父母、保育士、教師、支援者さんたちが粘り強く伝えることで、発達凸凹ちゃんは自らの特性を理解し、できることを増やしていきます。直接関係のない第三者の方の関与も大切です。

育児中の〝困った親子〟は文字通り「サバイブ」しています。左のイラストは、とある夏のワンシーン。川でおぼれている親子をみんなで助けています。泳げないママは、見ていることしかできないから泣いて助けを呼びました。泳げるパパは先におぼれた子どもを助けますが、一緒におぼれてしまいそうです。そんなとき、ＳＯＳに気が付いた周りの人が浮き輪を投げ入れて、皆の力で助けてくれました。めでたしめでたし。

そういう「共助」が日本では失われつつあります。孤立した育児（ワンオペ育児や夫婦だけで抱え込む育児）をするしかない〝困っている親子〟を陰ながら支える第三者の存在が今こそ必要なときです。

環境を整えるという意味においては、子どもが安全に暮らすための「家庭内の環境」を整えることがたやすいと考えられていますが、驚愕《きょうがく》の事実として、障害のある子どもを持つママのフルタイム就業率は5パーセントです。安定した職業に就くことができない現実に直面し、養育費の捻出に途方に暮れる親の

多さは、知る人ぞ知る世界です。発達障害児に限らず、さまざまなハンディキャップを持つ子どもを育てるための具体的な支援が国や自治体から得られず、就労機会をも奪われ、子どもを預ける先すらなく経済的困窮に陥る負のスパイラルから抜け出せずにいる〝困っている親子〟が、現代社会のサイレントマジョリティーでもあります。

「医療的ケア児支援法」は2021年6月に成立しました。さまざまな困難を抱えて生きる「小さな命」と、その親に対する公的機関からの支援も充実していくことが期待できます。関係者のすさまじい努力の結晶ともいえるこの法律の施行とともに、子どもは社会全体で育てるものだという認識と実践が広がることを願うばかりです。子育ては女性の仕事といわれる「常識」は、そもそも時代遅れとなりましたが、時代の転換期においては過去の常識や法律が未来を担う子どもたちの足かせになっています。スマートフォンのなかった時代に、スマホ依存症は存在しなかったように、過去の当たり前が、現代の当たり前ではありません。しかし、法律も個人の価値観も文化も転換がしきれていません。「政治」「教育」「福祉」「医療」「家庭」の分野でこそ、大改革が必要なのです。

空や海、太陽や虹、森や花からでも豊かに受け取ることができる「無条件の愛」は、実は、あなたのすぐそばにあったりします。天地宇宙を創造した何かである〝サムシンググレート〟、人知を超えた母なる大地・ガイア、神、仏……。目に見えない偉大なものは科学的には証明できませんが、私たち人類という生命にとって普遍的な愛を注いでくれる〝何か〟はいつでもあなたの身近にあるのです。

温かく見守り、祈る気持ちで声をかけることで〝困っている親子〟に関心を寄せることは、支援者の皆さんにしかできない、貴重な未来へつながるかけがえのない社会貢献なのです。おじいちゃんもおばあちゃんもみんなで一緒に歌うような気持ちで、〝困っている親子〟を助けてくれませんか?「チーム育児」をしてくれる愛のココロがすべての人に満ちるといいですね。

【ジェンダーギャップに関する徒然】

日本のジェンダーギャップ指数の数値を見る限りにおいては、「政治分野」のスコアが156か国中147位です。各国標準とは程遠い、政治分野の改革の遅れは、民主主義国日本にとって、私たち大人全員の責任でもありますが、「投票行動」というアクションをしても簡単に社会は変わりません。自治会などの地域コミュニティや国政への参加意識は、当事者意識がない若者に強要することは難しいですが、日本のシルバー民主主義は限界を超えました。縦割りで前例主義の第1セクターの不甲斐なさを嘆いていても、死人が増えるだけですから(コロナ感染症の政府対応を見ていれば明らか)、我々のような専門家や市民活動家たちが、率先して幼い「命」を守り育み、なんとか国の未来を守っています。

第2セクターである経済分野に関しても、女性が経営に携わり、意思決定をする立場となっていないことが、市場のゆがみを加速させています。グリーンコンシューマーとしての購買行動や、環境保護活動に関するリサイクル活動、そのほか生活者として社会を大きく変化させてきた市民活動の担い手の多くは女性たちでした。意思決定に女性が携われていない経営環境を早急に変えなくてはなりません。コロナパンデミックによって、大変な経済環境ではありますが、確実に良い変化の波は起こっています。

第三節　主役は子ども。子どもの心を最優先に

これまでに解説してきたように、親子の愛も、夫婦の愛も、成熟させる勝負所は人生最初の3年間です。子どもも夫も仕事もみ~んな愛してる!!!　そんな達観の心で生きるしか、発達凸凹ちゃんと共に長く幸せに楽しく生きる道はないんです。だから、まずは最初の3年間、そして、できればせめて子どもたちが就学するくらいまでは、あふれんばかりの愛情を子どもに注げる家庭環境・社会環境を早急につくり出すために、この本を執筆しました。理不尽な社会の仕組みに対する怒りのエネルギーをも笑いに変える力が「愛」には隠されています。

責任ある仕事を任されながら、家庭の中でも采配をふるって子どもたちを養い、寝る間も惜しんで働き続けていたら、そのツケは後から自分にかえってきます。子どもの心や「命」を最優先に考えて働き方を変えれば良いのです。使えるものは使い、悩む暇があれば即行動。おかしなブラック企業に留まるくらいなら、即転職！　それでこそ、幸せな家庭も幸せな職場も幸せな未来も手に入れることができます。子どもを育てている親は世界一凄い！　って自分を褒め続けて激動の3年間を乗り切ってほしいのです。

本来夫婦の愛は、死が2人を分かつまで続くべきもの。生命の営みの一環として子どもという「命」を共同作業で育てていくときに必要な資源が「無条件の愛」なのです。古典である新約聖書には、愛の章と言われる一節があります。口語訳新約聖書「コリント人への第一の手紙第13章」より引用します。

『愛は寛容であり、愛は情け深い。
また、ねたむことをしない。
愛は高ぶらない、誇らない、不作法をしない、自分の利益を求めない、
いらだたない、恨みをいだかない。
不義を喜ばないで真理を喜ぶ。
そして、すべてを忍び、すべてを信じ、すべてを望み、すべてを耐える。
愛はいつまでも絶えることがない』

2000年以上前にイエス・キリストを通して語られた神の愛こそ、絶対的無条件の愛といわれています。科学技術や医療技術が発達しても「死」から人は逃れることはできませんが、「愛」はすべての人が受け取っているものです。日本人にはなじみが薄いキリスト教の聖典には、真の愛、絶えることのない永遠の無条件の神の愛の秘密について書かれているのです。

ちなみに、仏教は「生老病死」に代表される人生の苦行から逃れるための仏陀《ブッダ》の悟りを教えてくれますし、禅宗は、生きづらさを和らげてくれる無我の境地を教えてくれたりします。宗教や哲学の良い点は、先人たちの偉業や失敗から得た教訓を、現代を生きる私たちに「生きる技術」として教えてくれる点です。

愛！　……って何だろう？　書いてみよう！　なんでもいいので！

(例1) 愛はお金では買えない

(例2) 愛は愛！

(例3) 愛には形がない。愛には答えがない。愛は感じるもの。

書いてみよう

記入できましたか？　難しいですよね？　記入してくれてありがとうございます。

発達凸凹ちゃんたちは、成長がゆっくりです。愛には太陽のように大きなものと、〝さりげない支援〟のように小さなものがあります。太陽はいつも変わらず輝いているのに、住む場所や仲間、常識・ルール・慣習などによって、すくすくのびのび育つ肥沃な土壌がなくなっていたりするのが、現代社会の現実です。本来のダイバーシティの理念は個性的な人たちが一緒に暮らす社会を実現することですが、日本の縦割り行政における理念においては〝排除〟となってしまうケースもあり、植木鉢に植え替えればおしまいという継続性のない支援となっているケースも見受けられます。福祉・医療・教育界隈の課題ではありますが、幼い発達凸凹ちゃんたちの療育環境は期待するほどには整えられてはいないのです。だから、ますますの改善と改革を声高に叫んでいます。

『人事の組み立て～脱日本型雇用のトリセツ～』（海老原嗣生著、日経BP出版、２０２１年）の冒頭に記載がありますが、日本は、60年間「日本型雇用」から抜け出せていません。日本人の働き方は60年間をかけて、ほぼ何も変わっていない事実は、人事・キャリアカウンセリングの世界では有名ですが、嘆いていても仕方がないので、働く「ママ&パパ」は「愛」のエンジンを燃やしましょう。

人が働く動機（モチベーション）として重要なものは3つと言われています。

①生命・生存に関わる動機　（いわゆる本能）

寝る・食べるなどの生理的欲求に基づいた「やる気」

例えば、死にたくないから逃げだす
お腹がすいたから食べるために働く
うんちが出たから泣く！

②外発的動機　（給料や賃金）
報酬のために働く、恥をかかないために学ぶ等、自身の損得勘定に基づいた「やる気」
例えば、有名になりたいから取材を受ける
出世したいから資格を取る
お菓子くれるなら、予防注射で泣かない！

③内発的動機　（対価は自分自身の心）
好きだから遊ぶ、ワクワクするから出かける等、内側から出てくる「やる気」
例えば、宇宙に想いを馳せるのが好きで物理学を専攻した
子どもが好きだから絵本作家を目指す
カブト虫がかっこいいから絶対捕まえる！

最も持続的で成長につながるエンジンは③の内発的動機です。「愛」は、「好き」の最高峰ですから、愛のエンジンを燃やして進むしかないのです。ですが、育児中の共働き夫婦には愛を語らう時間も心の余裕もありません。発達凸凹ちゃん育児においては、寝る暇も、職場と家庭との両立に「悩む」時間もありま

せん。悩む暇があるなら、一秒でも多く寝た方が有益です。同情するなら金をくれ。働きたくても働ける環境がない〝困っている親〟のうそ偽らざる本音に耳を傾けてきた立場として、こうした現実を、これからも社会に発信して参ります。

第四節　夫婦で過程を楽しむ家庭をつくろうね

結婚に抱いていた幻想は、育児中は完全に捨てましょう。恋愛と結婚はそもそも次元が違いますし、発達障害を持つ子を育てるとなれば、毎日宇宙空間を旅しているようなもの。恋愛でも付き合ってみて初めて知る相手の癖やしぐさで幻滅するように、マリッジブルーも一種の通過儀礼です。自由恋愛が全盛とはいえ、未成熟な親が未熟な子どもを生むわけですから、育児ブルーもあって当然です。結婚はゴールではなく、第2の人生のスタートです。燃え上がるような情熱的な愛は育児中は子どもに吸い取られてしまいますが、夫婦の愛は炭火のようにじわじわほんのり温かい違った次元の愛のステージへだんだんと移り変わっていきます。その段階途中にママやパパのココロのひまわりが枯れてしまっていませんか？

気がつかないうちに、愛の受信機自体が壊れてしまうことがあります。「心が折れる」と表現したりしますが、多くの女の人はね、Good enough!（今のまま

がいいよ！）って言ってほしいんです。一般的な職場や学校ではどうしても、「評価」がつきまとうので、Very good（よくできました）って言われないと安心できないココロになってしまっています。愛に評価はいりません。欲しいのは、ありのままの自分をまるごとそっくりそのまま受け止めてもらうGood enough!（今のままがいいよ！）という言葉。そういう複雑なオンナゴコロは、男性には理解しがたいのかもしれません。

反対に、パパには何と声をかけたらよいのでしょうか？　社会的には、大黒柱として強い男性像を押し付けられることが、苦痛に感じる男性も多いことが分かっています。誰だって、何十年も闘い続けることはできません。戦士にも休息は必要です。家庭では、「頑張ってくれてありがとう、お疲れさま」のねぎらいの一言が重要ですよね。パパはパパとして「愛」のエネルギーチャージができるといいですよね。夫婦の愛は、お互いにエネルギーを注入し合える関係が理想ですが、日本では、性行為といえばエロスの愛を想起してしまう間違ったメディア文化に毒されていたりします。本来夫婦が成長してから交わすアガペの愛であり、敬虔で神聖な命を育む尊い無償のエネルギーでもあるのです。

子どもは「愛の結晶」です。「愛」の歪みが子どもたちに及び、負の連鎖が続いていく社会は不幸しか生み出しません。無条件の愛の正の連鎖を続けていくために、まずは、自分自身を愛し、パートナーを愛し、子どもを愛し、親を愛し、社会を愛して真実の愛を次世代に広げていく「家庭・過程」を笑顔で築き上げていきましょう。

マザーテレサの名言：「人が本当に助けを必要としていても、実際に助けの手を差し伸べると攻撃されるかもしれない。それでもなお、人を助けなさい」

ナイチンゲールの名言：「自分の命より大切なものが多くなると、人間、気苦労が多くなる」

離婚の原因のひとつに、夫婦の性格の不一致が挙げられることも多いです。育児中の妻に対する夫からの何気ない一言が〝モラルハラスメント〟になりかねません。最近では離婚を切り出すのは、7割は女性からというデータもあるように、男性にかかる数々の負担は、未来の希望をも削《そ》いでいきます。それはカウンセラーの立場からすると、本意ではありません。夫婦の幸福度を上げたいのならば、とにかくお互いに全身全霊で愛を注ぎ込みましょう。子どもを育てることによって男性も女性も幸福度が下がる日本は、世界標準からみれば〝ガラパゴス〟です。2021年現在も、日本人のパパは不幸のどん底にいます。良いとか悪いという評価ではなく、事実として厳しい状況に置かれている〝困っている親子〟が最悪の事態に至る前に、まずはSOSを出せる人間関係を身近な家庭環境、地域環境の中に築いていきましょう。

厳しい現実世界において、偉人や先人たちの言葉も励みにしながら、「愛」を成熟させるための会員制コミュニティARCA®のキャリア講座にもぜひご参加ください。

あとがきみたいなARCA®紹介
～共助のコミュニティを自らつくろう！

『育児ソリューション＝教訓』として、発達障害を切り口に〝困っている親子〟を助けようよ！　とお伝えしてきました。筆者が代表を務める非営利共育団体ARCA®（アルカ）は、現在は「生きる技術研究会」と名乗り、共助での「研究会活動」と会員制「キャリア支援活動」を行っています。

活動理念はオンラインストアで販売中の拙著『自分らしいキャリアを拓く羅針盤　～生き方・働き方をリノベーションしよう～』（Book Trip）をご覧いただくか、当団体ＨＰにアクセスしてください。

生きる技術研究会ARCA®ホームページ

育児と仕事の両立ソリューションは、「第4の居場所〝estage（エスタージュ）〟」というキャリアカウンセリング講座を通しても個人の方へお伝えしています。この本ではお伝えすることができない多くのノウハウは、講座に参加することで獲得してほしいと思います。

また、発達凸凹ちゃんたちは、独特の個人のコンパス（羅針盤）を持っています。大人でもひとりで生きていくことは難しい社会だからこそ、子どもも大人もひとりひとりが持つコンパス（羅針盤）を、重ね合わせて、皆で助け合って平和な未来をつくり出していくことしかできません。

人を生み育てる最も貴重な第一の居場所と言われる「家庭」の基盤がぜい弱である日本社会の仕組みを「今」変えなければ、日本という国自体が少子化で滅びてしまうのではないか？　と本書内でも警鐘を鳴らして参りました。


〝困っている親子〟は、言い換えれば、世界をつくるための最小単位のコミュニティです。ARCA®では、設立時から「キャリア共育」を掲げ、下図のように〝キャリアの4要素〟を生き方支援におけるメソッドとして提示し、社会に貢献して参りました。「家庭共育の回復」を基礎に、草の根活動を通してコミュニティづくりを行なってきた市民団体でもありますが、それは孤立社会を予防することでもありました。

２０１８年に、イギリスでは世界初の孤独担当大臣が置かれましたが、日本でも孤独対策が推進されています。人は、人と人の間に立ってこそ、「人間」になれる社会的動物です。日本人は孤

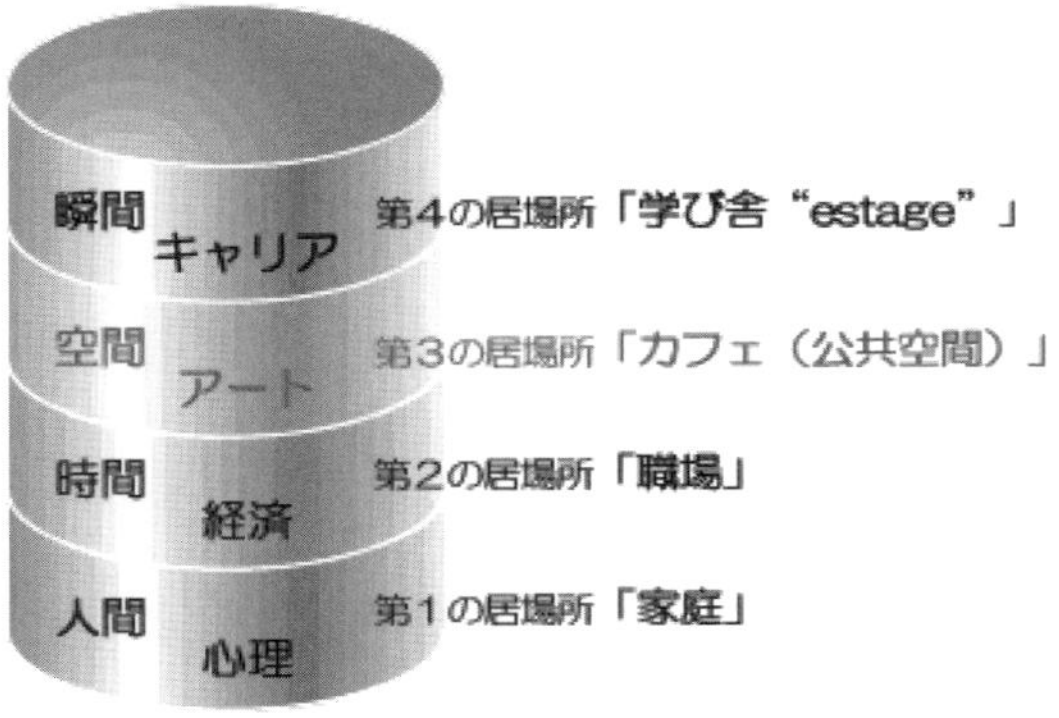
瞬間
キャリア
第4の居場所「学び舎“estage”」
空間
アート
第3の居場所「カフェ（公共空間）」
時間
経済
第2の居場所「職場」
人間
心理
第1の居場所「家庭」

■キャリア(=人生)を作る４つの要素の体系化■

独耐性が強すぎますが、本来ひとりで耐える必要はないのです。離別、死別、転勤などさまざまな事情でひとりで生きることを強いられる方、求めても支援を得られない多くの〝困っている人々〟。ひとりの力では何もできませんが、小さな力をかき集めれば中くらいの力にはすることができます。

ARCA®はキャリア支援活動を通じて、ビジネス領域での人事や経営の相談も受け付けています。筆者自身は、事業継承や従業員のキャリア形成にお悩みの経営者の方に寄り添い、キャリアコーチとして伴走してきた経験もあります。

人が変わる瞬間に立ち会うことが大きな喜びです。

学生さんに向けては、「ししおどしモデル」と独自に命名したキャリアコーチングによって、不登校からの脱出、メンタルヘルス不調からの回復、就職支援やジョブカードを用いた転職支援も実施中です。ライフステージごとに問題にぶつかり、キャリアチェンジに悩む方が、自らの意志と力で新しいステージへと羽ばたいていく背中を見送ることは、希望と期待でワクワクします。

子どもの心が愛と自信で満たされたとき、ししおどしの竹筒が静寂を破って響く音のように、突然の変化が起きることがあります。心が満たされたときにこそ、アイディアやひらめきが沸き上がるのですが、お仕着せややらされでは、子どもの心の器に愛の水や自信の水は注がれません。愛を注ぐべき親自身が、幼少期に自分の親から適切な愛情を注がれずに育った場合、子どもにどうやって愛を注いだらいいの

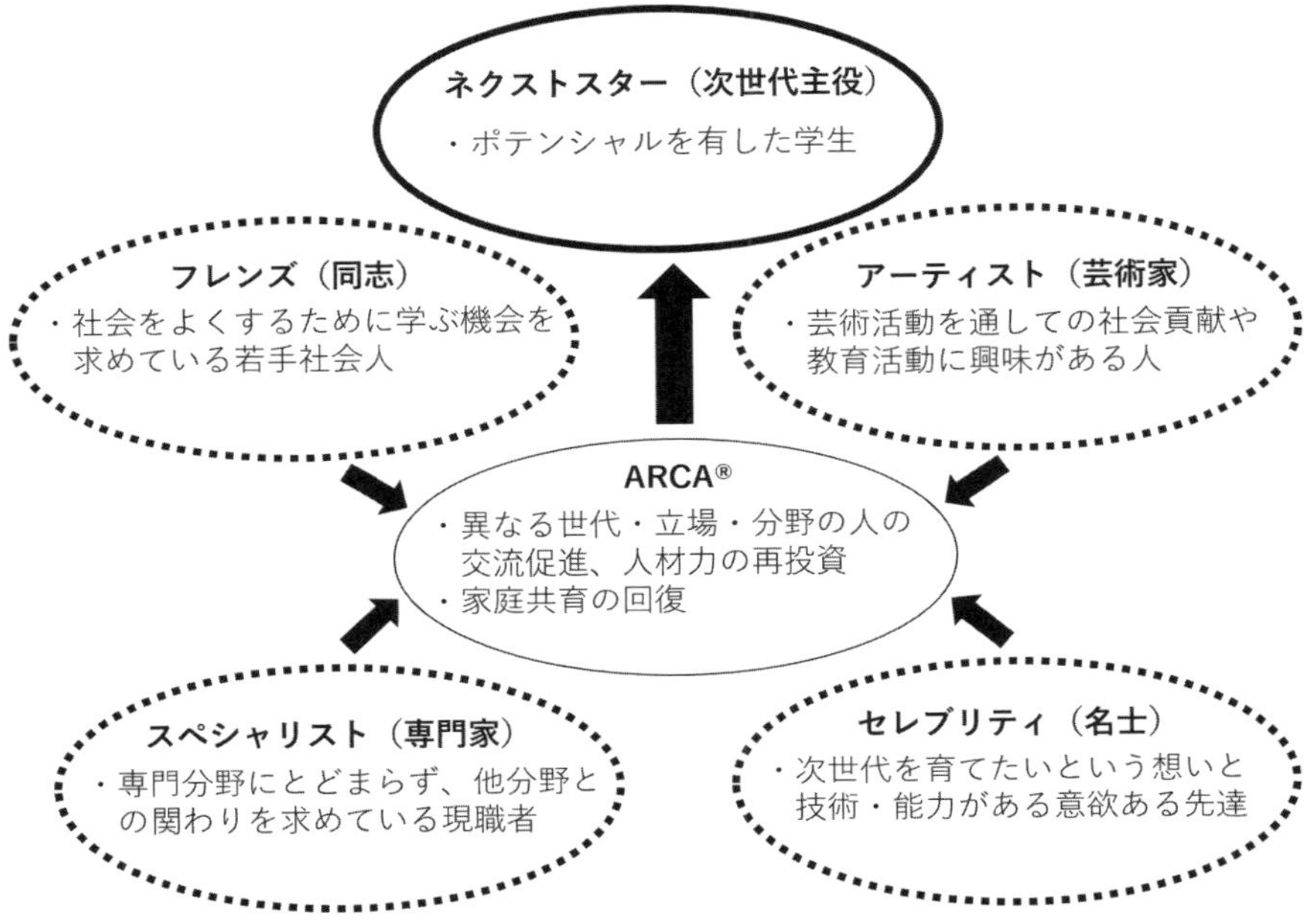
ネクストスター（次世代主役）
・ポテンシャルを有した学生
フレンズ（同志）
・社会をよくするために学ぶ機会を求めている若手社会人
アーティスト（芸術家）
・芸術活動を通しての社会貢献や教育活動に興味がある人
ARCA®
・異なる世代・立場・分野の人の交流促進、人材力の再投資
・家庭共育の回復
スペシャリスト（専門家）
・専門分野にとどまらず、他分野との関わりを求めている現職者
セレブリティ（名士）
・次世代を育てたいという想いと技術・能力がある意欲ある先達

か分からなくなることもあるでしょう。

今回の執筆を機会に、「発達障害をもつ子&孫育て講座」も開発致しました。スタッフの都合上、法人及び団体様へのみ提供しておりますが、〝0歳から100歳までの持続可能なキャリアカウンセリング〟を個人の方に向けて世界で唯一提供できるARCA®ならではのオリジナルプログラムとして、今後都市圏を中心に販売を開始致します。

2021年は、「子ども＞親＞社会」という概念にパラダイム転換すべき年です。「古いもの、老いたるもの、害をなすもの」とはサヨナラしちゃいましょう。人の命を軽んじるというわけではなく、古臭い〝考え方〟を、年功序列ではなく、年功は重んじるが、若さで社会を変える世界へとアップデートする時代です。ARCA®では、2004年から右図のようなイメージで、プロボノたちと一緒に次世代主役である学生たちのキャリア支援を実施し続けています。コロナパンデミックの終息を見据え、2023年秋頃を目標に、リアル講座をバージョンアップしてお届けする予定です。

ARCA®は、やみくもにジェンダーを振りかざし、男性が家事をやるべきだと声高に叫ぶつもりはありませんが、社会の中の意識として性別役割分業の名残があらゆる場面に残っている不条理は無くしたいと考えています。コロナパンデミックがきっかけとなり、世の中の変化も加速しました。日本では1か月に鳥取県ひとつ分に相当する人口減少が続いています。子孫繁栄を願う気持ちがあったとしても、一筋縄ではこの人口減少を止めることはできません。自然の摂理ですから人口減少を止めようとは思っていませんが、せめて息子や娘たちが暮らす未来は、今よりもフェアで平和で真の愛があふれる世界になってほしいと祈って活動しています。脱成長、資本主義の次に来る世界は、「友愛主義」の世界です。ポストコロナ時代は「ヒューマンケアとテクノロジー」が時代のキーワードとなりますが、環境を破壊し、人間を労働へと向かわせる資本主義は限界を迎えています。新しい未来を開いていく根源にあるのが真の「愛」、アガペの愛を基盤にした「友愛主義」だとARCA®の研究チームは断言します。

不確実で不安の多い時代ですが、物理的に人間は300歳まで生きることはできませんし、形あるものはいずれ滅びていきます。地球の寿命ですら46億歳と言われていますから、あと1億年でなくなっちゃうんですよ!!!

考えても仕方ないことは考えない方が、心は平和。天は空から落ちてはきません。杞憂は杞憂。老いては子に従えっていうでしょう? 未来をつくるのは「若者」と相場が決まっています。一番若い子はあなたの目の前にいる赤ちゃん、あなたのお子さん、お孫さんたちを含めた「子ども」たちです。政治の仕組みも経済の仕組みも簡単に変えることはできませんが、目の前にいる、ココロが真っ白な小さな子どもたちのココロは、いくらでも変えることができます。無限の可能性と、無限の未来を描ける権利を持つ、寿命が最も長い人間は生まれたての新生児なのですから!!!

国家による「教育」は今後必要がなくなるでしょう。エデュケーション(子どもの才能を引き出す意味)の根本は家庭にあります。夫婦という最小限のコミュニティとそれを支える社会の仕組みづくりがますます加速するでしょう。流行のSTEAM教育も、モンテッソーリ教育も、シュタイナー教育も、根っこにあるのは「愛」でつながる「人」を、「愛」で育てる「生きる技術」。世界で通用する子どもを育てる理念はこれまでもARCA®講座で伝え続けてきました。まだ見ぬ未来へと続く、今日という人生の道のりは、〝困っている親子〟を温かく助け、守り、導きながら、今現在を生きている子どもたちが笑顔で暮らす輝く未来へと続きます。

これからの未来をつくる「カウンセリングマインド」と「ベンチャースピリット」は、日本で生まれ育った私たちが先祖から受け継いだ、貴重で尊いココロです。発達凸凹ちゃんたちこそが、未来の主役です。イノベーションを生みだすのは、独特の個性と才能あふれる次世代人材たち以外にあり得ないからです。

ARCA®は、名古屋市千種区不老町から始まりました。
今ここに創業時の設立趣意を掲載し、あとがきとさせていただきます。

設立にあたって

「キャリア（＝人生）」を着実に積み上げられない状況が加速しています。
不登校児は増加の一途、学校は崩壊寸前。
疲弊しきった若手ビジネスマン。
家事、育児、介護でストレスをためるお母さん。
定年の壁に、働く場所・生きがいを失うお父さん。
〝日本総うつ病〟によって、社会も家庭も崩壊しつつあります。
日本では年間3万4000人という自殺者が出ており、先進国でも突出しています。
今や16人に1人はうつ病、4人に1人はうつ病予備軍と言われています。
今の日本には、安全で心休まる場所が見つけにくくなっているのではないでしょうか。

たくさんの人が死んでいる。人のココロも死んでいる。
人が生きていない社会は、マズい。
日本は豊かな国だけど、実はあんまり豊かじゃない？
物質的には豊かだけど、精神的には貧困？
このままじゃちょっとまずいんじゃないか。
……20代の自分にできる社会貢献は何かと考え、ＡＲＣＡの設立を決心しました。
名古屋大学出身者が中心となって作る、これまでにない非営利の共育機関。
名古屋の文京地区、千種区不老町……
「老いない街で、千の種を蒔こう」をキャッチフレーズに、
モノづくりで日本の原動力となった、中部の有力人材が集い、
ヒトづくりで日本の原動力となる、中部の若者が集う。
人を作り、人を生かす。そして、安全な社会を作っていく。
そこでは、誰もが人生の主役。
脇役では終わらない。
本当に「芸術」と言えるような人生を、共に作ろう。
まずは、自分たちを「ココロ豊かな人」として作ること。
「キャリア（＝人生・仕事）」と「アート（＝芸術・技術）」を追究しながら、

これまでにない新しい場所＝〝共育〟の場を作ります。
まるで大家族のように、世代も立場も分野も越えて、
濃密な時間を共有しながら、安全なココロの輪を広げていける場所を作りたい。
そして、その場所を、世界へ、次世代へ。
負の連鎖ではなく、正の連鎖を。
マイナスの感情ではなく、プラスの感動を。
21世紀、私たちの暮らすこの世界を、
希望に満ちた世界にしたい。
人が、ココロが、生きる世界にしたい。
今ここに、ＡＲＣＡの設立を宣言します。

２００４年10月

執筆にあたって、ご支援・ご指導・ご協力くださった皆様に感謝申し上げます。

キャリアカウンセラー　にしむられいこ

参考書籍

第一章
『発達が気になる子どもの育て方』榊原洋一他監修、洋泉社 MOOK　2017 年
『育てにくい子の家族支援　親が不安、自責、孤立しないために支援者ができること』
高山恵子著　合同出版　2021 年
『子育てベスト 100』加藤紀子著　ダイヤモンド社　2020 年
『保育士おとーちゃんの「叱らなくていい子育て」』須賀義一著　PHP 文庫　2015 年
『ニューロダイバーシティの教科書』村中直人著　金子書房　2020 年
『サイバー・エフェクト　子どもがネットに壊される』
メアリー・エイケン著　小林啓倫訳　ダイヤモンド社　2018 年
『生んでくれて、ありがとう』葉祥明著　高橋愛訳　サンマーク出版　2001 年
『SQ　魂の知能指数』ダナー・ゾーハー、イアン・マーシャル著　古賀弥生訳　徳間書店　2001 年

第二章
『子どもが育つ魔法の言葉』ドロシー・ロー・ノルト、レイチャル・ハリス著　石井千春訳　PHP 文庫　2003 年
『発達障害 & グレーゾーンの 3 兄妹を育てる母のどんな子もぐんぐん伸びる 120 の子育て法』
大場美鈴著　ポプラ社　2017 年
『発達障害 & グレーゾーン子育てから生まれた　楽々かあさんの伝わる！声かけ変換』大場美鈴著　あさ出版　2020 年
『小児期トラウマがもたらす病　ACE の実態と対策』
ドナ・ジャクソン・ナカザワ著　清水由貴子訳　パンローリング　2018 年
『ASD、ADHD、LD お母さんができる発達障害の子どもの対応策』宮尾益知監修　河出書房新社　2017 年
『子どもの PTSD─診断と治療─』友田明美、杉山登志郎、谷池雅子編　診断と治療社　2014 年
『ハウジングファースト　住まいからはじまる支援の可能性』
稲葉剛、小川芳範、森川すいめい編　山吹書店　2018 年
『技芸としてのカウンセリング入門』杉原保史著　創元社　2012 年

第三章
『人口減少社会のデザイン』広井良典著　東洋経済新報社　2019 年
『行動経済学の逆襲』リチャード・セイラー著　遠藤真美訳　早川書房　2016 年
『パンデミックは資本主義をどう変えるか　健康・経済・自由』
ロベール・ボワイエ著　山田鋭夫、平野泰朗訳　藤原書店　2021 年
『謙虚なリーダーシップ　1 人のリーダーに依存しない組織をつくる』
エドガー・H・シャイン、ピーター・A・シャイン著　野津智子訳　英治出版　2020 年
『リフレーミングの秘訣　東ゼミで学ぶ家族面接のエッセンス』東豊著　日本評論社　2013 年
『アイデンティティ生涯発達論の展開』岡本祐子著　ミネルヴァ書房　2007 年
『ママでいるのがつらくなったら読むマンガ』山崎洋実著　つちやまなみ絵　主婦の友社　2010 年

第四章
『脳と言葉を上手に使う NLP の教科書』前田忠志著　実務教育出版　2012 年
『図解ポケット　森田療法がよくわかる本』舘野歩著　秀和システム　2020 年
『夫がアスペルガーと思ったとき妻が読む本』宮尾益知、滝口のぞみ著　河出書房新社　2016 年
『リフレクション　自分とチームの成長を加速させる内省の技術』
熊平美香著　ディスカヴァー・トゥエンティワン　2021 年
『第四次産業革命と教育の未来　ポストコロナ時代の ICT 教育』佐藤学著　岩波書店　2021 年
『ワールド・スタディーズ　学びかた・教えかたハンドブック』
サイモン・フィッシャー、デイヴィッド・ヒックス著　国際理解教育・資料情報センター編訳　ERIC　1991 年

第五章
『30 代の働く地図』玄田有史編　岩波書店　2018 年
『女とフィクション』山田登世子著　藤原書店　2019 年
『国をつくるという仕事』西水美恵子著　英治出版　2009 年
『SDGs と ESG 時代の生物多様性・自然資本経営』藤田香著　日経 BP 社　2017 年
『世界を平和にするためのささやかな提案』黒柳徹子、木村草太他著　河出書房新社　2015 年
『村上式シンプル仕事術　厳しい時代を生き抜く 14 の原理原則』村上憲郎著　ダイヤモンド社　2009 年
『0 才から 100 才まで学び続けなくてはならない時代を生きる学ぶ人と育てる人のための教科書』
落合陽一著　小学館　2018 年
『ほしいのは「つかれない家族」』ハラユキ著　講談社　2020 年
『保育園義務教育化』古市憲寿著　小学館　2015 年
『未来は決まっており、自分の意志など存在しない。心理学的決定論』妹尾武治著　光文社新書　2021 年
『人新世の「資本論」』斎藤幸平著　集英社新書　2020 年

にしむられいこ

３人の発達凸凹児を育てるフリーキャリアカウンセラー
ARCA®（生きる技術研究会）代表　著述家

名古屋大学経済学部卒。株式会社リクルートを経て、名古屋大同学部の非常勤講師。現在は、大学生や転職希望の老若男女 3000 人以上のキャリアカウンセリングと、300 回以上の研修・講演・講座の登壇実績を持つ、多様な人の生き方・働き方を支援するキャリア支援のプロフェッショナル。

転勤族の夫の転勤に伴いながらの育児で、産後うつ、流産、育児ノイローゼ、パニック障害を患い、克服してきた経験をもとに、若年層と女性の「キャリア自律」支援を強化中。未来を担う子どもたちを賢く楽しく育てあげるための実践的なソリューションを提供している。

米国 CCE,Inc. 認定 GCDF-japan キャリアカウンセラー、国家資格キャリアコンサルタント、産業カウンセラー、心理カウンセラー、珠算３段、オセロ２級。

著書に『自分らしいキャリアを拓く羅針盤　～生き方･働き方をリノベーションしよう～』（Book Trip）。

ARCA：http://career-art.com/

企画　モモンガプレス

宇《う》宙《ちゅう》一《いち》楽《たの》しい 発達《はったつ》凸凹《でこぼこ》ちゃんの育《いく》児《じ》ソリューション

2021年11月21日　初版第1刷

著　者　にしむられいこ

発行人　松崎義行

発　行　みらいパブリッシング

〒166-0003 東京都杉並区高円寺南4-26-12 福丸ビル6階
TEL 03-5913-8611　FAX 03-5913-8011
https://miraipub.jp　MAIL info@miraipub.jp

編　集　安達麻里子

イラスト　ゆう

ブックデザイン　洪十六

発　売　星雲社（共同出版社・流通責任出版社）

〒112-0005 東京都文京区水道1-3-30
TEL 03-3868-3275　FAX 03-3868-6588

印刷・製本　株式会社上野印刷所

ISBN978-4-434-29675-8 C0037